AF404022

REVUE TRIMESTRIELLE

DE

DROIT CIVIL

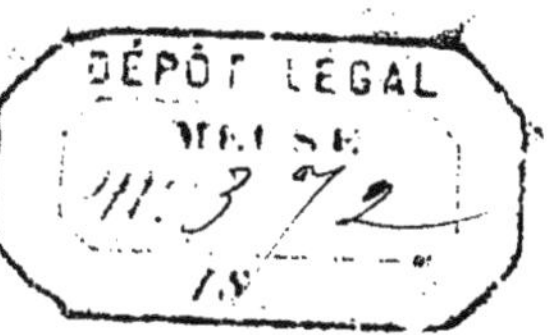

COMITÉ DE DIRECTION :

A. ESMEIN
Membre de l'Institut,
Professeur à la Faculté de droit
de l'Université do Paris;

R. SALEILLES
Professeur à la Faculté de droit
de l'Université de Paris;

Ch. MASSIGLI
Professeur à la Faculté de droit
de l'Université de Paris;

Albert WAHL
Professeur à la Faculté de droit
de l'Université de Paris,
Doyen honoraire de la Faculté de droit
de l'Université de Lille.

EXTRAIT

TECHNIQUE DE LA JURISPRUDENCE
POUR LA TRANSFORMATION DU DROIT PRIVÉ
Par M. E.-H. PERREAU,
Professeur à la Faculté de droit de l'Univ. de Montpellier
Chargé de cours
à la Faculté de droit de l'Université de Toulouse.

LIBRAIRIE
DE LA SOCIÉTÉ DU
RECUEIL SIREY
22, rue Soufflot, PARIS, 5ᵉ arrdᵗ
L. LAROSE & L. TENIN, Directeurs

1912

VARIÉTÉS

TECHNIQUE DE LA JURISPRUDENCE

POUR

LA TRANSFORMATION DU DROIT PRIVÉ

Par M. E.-H. PERREAU,

Professeur à la Faculté de droit de l'Université de Montpellier,
Chargé de cours à la Faculté de droit de l'Université de Toulouse.

> « Nous estimons que toute loi écrite
> est confiée au juriste et au juge, pour
> être interprétée, développée selon la
> raison ». (Labbé, *Sirey*, 93.1.65, col. 5).

L'importante utilité de la jurisprudence dans l'élaboration du droit, et notamment du droit privé, n'est plus aujourd'hui niée de personne. Loin de nous la pensée d'exposer, fût-ce en résumé, l'ensemble de son œuvre à cet égard. Plus humble, notre but n'est qu'une recherche de sa méthode de travail, sa technique (1).

Sans prétendre même présenter une complète synthèse de tous ses moyens d'interpréter, *lato sensu*, le droit existant, — certains d'entre eux n'assurant guère que le développement

---

(1) Parmi les essais tentés sur ce point, citons les dernières thèses de doctorat sur ce sujet : Mornet, *Du rôle et des droits de la jurisprudence en matière civile* (Paris, 1904); M. Sauzay, *Essai sur les procédés d'élaboration du droit employés par la jurisprudence française en droit civil* (Lyon, 1904); Cohendy, *La méthode d'un arrêtiste au xixᵉ siècle, Labbé* (Lyon, 1910).

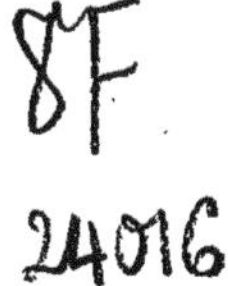

logique des règles posées par le législateur, et d'autres n'étant que d'un usage trop imprécis encore pour se prêter à la synthèse, — nous voudrions dégager ses procédés pour découvrir la règle de droit quand, d'après tout au moins l'intention de ses auteurs, la loi écrite est muette ou contraire aux aspirations actuelles.

En regard des deux grandes tendances dogmatiques divisant l'École, — l'une tirant surtout parti des textes, mais les interprétant avec une incomparable largeur d'idées pour les mettre d'accord avec nos besoins (1), l'autre faisant une place plus notable à la libre recherche scientifique, sauf à la guider par des emprunts aux institutions existantes, toujours en respectant dans les textes l'intention du législateur au jour de leur confection (2), — peut-être y a-t-il quelque intérêt à déterminer la méthode qui, d'instinct ou consciemment, dirige nos magistrats dans leur travail journalier d'adaptation du droit aux nécessités nouvelles.

Nul ne s'attend évidemment à nous voir exposer un système fonctionnant avec une régularité mathématique, ni classer les résultats obtenus en compartiments étanches. En notre matière, une seule idée demeure : assurer le mieux possible la satisfaction des besoins sociaux, l'harmonie des constructions théoriques dût-elle en souffrir. Or, comme ces besoins sont changeants et complexes, tout, aussi, dans les procédés juridiques employés pour y parer, sera transformation et nuance.

Dans l'accomplissement de sa tâche, la jurisprudence cherche à donner de la stabilité aux règles juridiques. Rien d'étonnant donc, si, quand il lui faut innover, elle cherche autant que possible un point d'appui dans les textes écrits, principale source de la fixité du droit. Sans doute, loin d'en idolâtrer servilement la lettre, elle en retirera le maximum de rendement, par une interprétation des plus poussées ; mais elle aura soin de rattacher à des textes la plus grosse part de ses constructions,

---

(1) Saleilles, *De la déclaration de volonté*, p. 212 et s. ; *École historique et droit naturel*, Rev. trim. dr. civ., 1902, p. 101 et s. ; — Lambert, *La fonction du droit civil comparé*, passim ; *Une réforme nécessaire des études de droit civil* (extrait de la *Rev. int. enseign.*), p. 15 et s.

(2) M. Fr. Geny, *Méthode d'interprétation et sources en droit privé positif*, p. 275 et s. ; *Les procédés d'élaboration du droit civil* (leçon faite au collège libre des Sciences sociales en 1910), *Les méthodes juridiques*, p. 181 et s., ; *Les droits sur les lettres missives*, t. Iᵉʳ, p. xiv et s.

fussent-elles assez *modern style*. Et cette discipline est tellement ancrée dans l'esprit de nos juges, qu'en une circonstance mémorable, un très haut magistrat, doublé d'un fin psychologue, la représentait comme la seule ligne de conduite de nos tribunaux, dans un discours où il reconnaissait pourtant à l'interprète une très grande liberté d'allures [1].

N'exagérons rien, cependant; nos juges frappent encore à d'autres portes, pour faire progresser le droit. Partant de ce principe qu'en droit civil, tout acte est permis si la loi ne l'interdit formellement, ils attribuent un très beau rôle à l'autonomie de la volonté, soit en relâchant de plus en plus les lisières qui la retiennent, soit en admettant aisément qu'il y a suffisante déclaration pour lier les parties. Par ce moyen, combien de règles étroites n'élargiront-ils pas de la façon la plus heureuse; combien de lacunes législatives ne combleront-ils point de la façon la plus opportune.

C'est uniquement à défaut de ces deux grands moyens que le juge fait appel à d'autres et spécialement aux pures considérations d'équité, ou d'utilité sociale. Et, le plus souvent, il ne le déclare à découvert qu'après avoir, en torturant les textes ou les actes juridiques, longuement préparé les justiciables à leur conception nouvelle.

Les textes, la volonté de l'homme, les considérations purement rationnelles, tels sont, dans leur ordre d'importance, les trois groupes de moyens principaux qui forment la technique novatrice de la jurisprudence.

Du reste, observons, avant d'aller plus loin, et sans vouloir rien outrer, que ces trois sortes de procédés ne jouissent pas d'une égale faveur auprès de nos divers degrés de juridictions.

Dans le désir parfaitement légitime de mettre leur décision à l'abri des voies de recours, en les plaçant sous l'égide de la loi écrite, les tribunaux de première instance motivent, à l'ordinaire, leurs solutions d'arguments de textes, devraient-ils parfois les chercher un peu loin. A l'inverse, la Cour suprême, pour ne pas énerver par un trop fréquent usage sa haute mission

(1). M. Ballot-Beaupré, Premier Président de la Cour de cassation. Discours prononcé à la Sorbonne le 29 oct. 1904, *Le centenaire du Code civil* (Paris, Imp. nationale, 1904), p. 28 : « Je fais remarquer que la nécessité d'appuyer sur un texte la décision limite évidemment l'arbitraire, et constitue, dès lors, une garantie ». Sur la liberté d'interprétation reconnue au juge, voy. p. 29 et s.

d'interprétation souveraine de la loi, profite volontiers, pour rejeter les pourvois contre des arrêts qui lui semblent équitables, des arguments de fait qu'elle y rencontre, dût-elle envisager quelquefois, comme motivées en fait, des sentences que leurs auteurs soutiendraient probablement avoir motivées en droit.

C'est donc surtout par les arrêts des Cours d'appel que s'introduisent dans notre droit les innovations exclusivement basées sur des considérations de raison ou d'utilité sociale, sans revêtement d'une formule prise dans la loi écrite. La longue expérience professionnelle et le rang élevé de leurs membres leur assurent à la fois l'autorité morale nécessaire pour sortir des chemins battus, et la prudence indispensable pour ne le faire qu'à bon escient.

Peut-être certains lecteurs taxeront-ils d'abusif le nombre des exemples que nous avons cités. Nous les avons multipliés au risque de sembler dresser une table des matières, afin de montrer que nous relevions non pas des tendances accidentelles, mais des courants d'une grande ampleur.

SECTION I
L'interprétation des textes.

Pour utiliser les textes dans un nouveau but, les tribunaux usent de trois procédés principaux : l'interprétation déformante, extensive ou restrictive. Sur ce terrain ils vont de l'avant, plus que toutes les Écoles dogmatiques.

Quelles que soient les hardiesses de ces dernières, en effet, de celle du regretté Saleilles comme des autres, il est des principes traditionnels d'interprétation, dont elles auraient scrupule de s'affranchir, ceux-ci par exemple : la lettre, sinon l'esprit, de la loi ne peut être modifiée par l'interprète; — les textes exorbitants du droit commun ne s'étendent pas, même par argument *a fortiori*.

Forcés d'assurer en jugeant la satisfaction des besoins sociaux les plus impérieux et les plus imprévus, les tribunaux pèsent, avant de statuer, le poids respectif de ces règles et celui de ces nécessités, pour s'affranchir plus ou moins des premières, selon que l'exigent les secondes. Pour eux, l'observation des principes juridiques n'est pas un but, comme pour les théoriciens; ce n'est que le moyen de faire régner la justice, en assurant la commodité des relations sociales. Un exemple montrera la différence entre les deux genres de méthodes.

Considérons, pour concrétiser les idées, de nombreux achats à crédit par un prodigue. Les tient-on pour absolument inattaquables, comme ne rentrant littéralement dans aucune des hypothèses prévues en l'article 513 du Code civil, on risque de laisser le prodigue se ruiner. Force est donc de l'étendre par interprétation, mais comment et dans quelle mesure? Y voit-on toujours, au contraire, en effet, des emprunts déguisés ou des aliénations détournées, on risque de rendre au prodigue la vie journalière impossible, en lui fermant la porte du moindre fournisseur en l'absence de son conseil judiciaire. Forgeant alors la théorie mixte des actes d'administration, le juge validera comme tels les seuls achats cadrant avec la situation sociale et pécuniaire du prodigue.

De préférence, nous choisirons nos exemples parmi les interprétations données aux textes des Codes civil et de procédure, non qu'on n'en trouve pas d'identiques pour de plus récents, mais afin que le recul du temps mette la jurisprudence au-dessus du soupçon d'inspirations extra-juridiques.

§ 1

L'interprétation déformante.

Nous appellerons interprétation déformante des textes, celle qui, à leur signification originaire, substitue un sens complètement étranger aux intentions de leur auteur. De la sorte, la formule écrite demeure la même, alors que le précepte a complètement changé de nature. Le contenant reste immuable, mais le contenu s'est transformé du tout au tout. En voici des cas saisissants :

Tandis que l'article 11 du Code civil, tout empreint des traditions d'ancien régime, refusait tout droit quelconque, en France, à l'étranger, sauf concession expresse par traité diplomatique, cédant au mouvement d'assimilation des races dû à la facilité des relations internationales, par adjonctions successives, la jurisprudence a si bien rapproché l'étranger du Français, qu'elle le prive seulement de quelques minimes avantages, dénommés pour la circonstance *droits civils* proprement dits. Et l'article 11 se trouve ne plus exiger aujourd'hui de concession expresse que pour cette restreinte catégorie de droits [1].

L'article 170 du Code civil semble, au prime abord, imposer dans tous les cas la publication en France du projet de mariage à célébrer à l'étranger. Dès la promulgation du Code civil, des auteurs distingués le soutinrent [2]; des arrêtistes protestèrent quand la jurisprudence tempéra cette rigueur [3]; ils protestaient encore, il y a peu d'années, contre le pouvoir arbitraire d'appréciation que s'arrogeaient les tribunaux [4]. Mais à notre époque, où les voyages à l'étranger sont trop fréquents pour y attacher nécessairement un soupçon de fraude, une jurisprudence constante décide que l'article 170 condamne les seuls mariages absolument et volontairement clandestins [5].

Quelles sont les « injures graves » qui, assimilées aux excès ou sévices, motivent le divorce d'après l'article 231 ? A entendre les rédacteurs du Code civil et les promoteurs de la loi du 27 juill. 1884, présentant le divorce comme un remède suprême aux mariages devenus intenables ou dangereux pour les époux, on ne doute aucunement que, dans leur pensée, les seules injures assez graves ne soient celles qui rendraient la continuation de la vie conjugale absolument impossible, malgré une trempe de caractère peu commune [6]. Pourtant l'on sait trop l'interprétation infiniment — et indéfiniment — élastique adoptée au contraire par la jurisprudence, et les critiques dont elle est l'objet aux points de vue juridique, moral et social [7].

(1) Cass. 5 janv. 1872, S. 72. 1. 190; 16 févr. 1875, S. 75. 1. 193.

(2) Delvincourt, *Instit. droit franç.*, t. I, p. 116, note 2; p. 293, note 12; voy. cep. Toullier, t. I, n° 522.

(3) Note sous Req., 18 août 1841, D. P. 41. 1. 337, S. 41. 1. 681.

(4) Note sous Paris, 24 avr. 1874, S. 75. 2. 49.

(5) Req., 8 mars 1875, S. 75. 1. 171.

(6) Portalis, *Discours préliminaire du Code civil*, Fenet, t. 1, p. 487 et s. — « Quand, à la place de l'estime réciproque, du dévouement mutuel, de l'union parfaite, qui sont l'essence même du mariage, ont surgi le mépris justifié, la haine méritée, l'antipathie irréconciliable, l'horreur même d'un conjoint pour l'autre, doit-on persister à prétendre que le mariage existe encore?... Est-on fondé alors à prétendre que l'intervention de la loi, qui met fin à une situation aussi horrible, constitue une atteinte au mariage?... Le divorce sera toujours un malheur, un malheur moindre sans doute que le supplice abominable et de tous les instants d'un mariage dissous ». Labiche, rapport au Sénat, 7 févr. 1884, S. *Lois annotées*, 1884, p. 656, col. 2 et 657, col. 1.

(7) Bitier, *Du développement de la jurisprudence en matière de divorce depuis 1884;* Valensi, *L'application de la loi du divorce en France,* p. 28 et s.

Dans l'article 335, très certainement, en 1804 on avait voulu priver la reconnaissance des enfants adultérins ou incestueux des seuls effets normaux attachés, quelques articles plus loin (art. 338), à l'aveu de paternité ou maternité naturelle, et non pas de toute conséquence légale; sans quoi l'article 762, leur accordant une pension alimentaire, comme jadis notre ancien droit à tout bâtard avoué, devient à peu près lettre morte, les trois ou quatre cas d'application découverts par l'ingéniosité des juristes contemporains étant plutôt des raretés peu probablement envisagées par le législateur. Cependant, voulant se montrer le plus favorables possible au mariage légitime, les tribunaux préfèrent, malgré toute objection, priver cette reconnaissance de toute efficacité.

On a démontré souvent, travaux préparatoires en main, que l'article 336 avait pour unique but de restreindre au père la reconnaissance émanant de lui seul, spécialement de l'empêcher de nommer la mère, sans son consentement formel, quand, allant déclarer la naissance de son fils naturel, il le reconnaît pour tel (1).

Mais pour faciliter la preuve de la filiation naturelle en tempérant de son mieux la rigueur des règles légales, nos juges en ont déduit successivement que la filiation maternelle serait établie par cette indication jointe à l'aveu de la mère, que cet aveu n'avait nul besoin de précéder l'indication par le père, et qu'enfin, n'étant assujetti à nulle forme, il s'induisait notamment des soins donnés à l'enfant (2). En sorte qu'un texte protecteur du secret de la mère s'est transformé en source de facilités particulières pour le surprendre.

La déformation subie par les articles 499 et 513, à laquelle nous faisions allusion plus haut, était non moins impérieusement nécessaire. Leur énumération à la fois impérative et limitative cadrait mal avec l'évolution de nos sociétés, où, la famille ne vivant plus groupée, ses membres sains ne sont pas auprès des autres pour les assister, alors que les besoins de la vie journalière exigent quotidiennement une série d'actes juridiques. Ne les prenant pas au pied de la lettre, la jurisprudence ne veut, dans les articles 499 et 513, voir que la prohibition, pour le pro-

(1) Toullier, t. II, nᵒˢ 967 et s.; Valette sur Proudhon, t. II, p. 155 et s.; Locré, *Lég. civ.*, t. X, p. 294.

(2) Besançon, 6 juill. 1892, S. 94. 2. 61; Liége, 7 janv. 1893, D. P. 94. 2. 493.

digue, de faire, sans assistance de son conseil, les actes dépassant le cercle des opérations nécessaires à l'existence normale d'une personne dans la situation de l'intéressé (1).

On sait comment, dans les articles 843 et 919, les mots « *faits expressément* avec dispense de rapport, ou à titre de préciput » sont devenus, maintenant que nous n'avons plus de fétichisme de l'égalité absolue dans les partages, synonymes de « faits *certainement* avec dispense de rapport », quelle que soit la façon dont se manifeste cette volonté certaine du disposant, ne serait-elle que tacite (2).

On sait aussi comment, de l'article 901, exigeant, pour la validité des libéralités, la lucidité d'esprit du disposant, a surgi (ou plutôt resurgi, car elle était déjà connue dans notre ancien droit) toute la vaste et souple théorie de la suggestion et de la captation, pour suppléer à la réserve des parents qui n'en ont pas légalement, comme aussi pour élargir celle des héritiers qui en ont une (3).

On ne connaît pas moins la célèbre évolution jurisprudentielle relative à l'article 1121, où l'on croyait d'abord trouver une offre adressée par le stipulant au tiers bénéficiaire, ne faisant naître un droit à son profit qu'avec son acceptation (4). Plus tard, la Cour suprême, en dépit de savantes protestations, se relâchant de cette rigueur pour améliorer la situation du bénéficiaire, admit qu'il accepterait valablement même après le décès du stipulant, et qu'il avait du jour de l'offre un droit direct contre le débiteur (5).

Il serait peu raisonnable de supposer que le législateur de 1804 se soit donné la peine d'écrire l'article 1154, s'il n'entendait imposer, pour capitaliser les intérêts, un nouvel accord à chaque échéance annuelle. Capitaliser jour par jour ou année par année, la différence est infime au point de vue mathématique; entre les deux genres d'opérations surgit, au contraire, une

---

(1) Capitant, note D. P. 1904. 1. 129.

(2) Cass. 12 mars 1873, S. 73. 1. 208; et 19 oct. 1903, S. 1904. 1. 40.

(3) Cass. 7 juin 1858, D. P. 58. 1. 451; et 28 oct. 1895, D. P. 96. 1. 36, S. 97. 1. 326. La pratique administrative va plus loin dans la même voie, en n'autorisant que l'acceptation partielle des libéralités aux personnes morales du droit public, en cas de réclamation des parents, même non réservataires, du disposant, des collatéraux éloignés par exemple.

(4) Voy. note sous Req., 22 juin 1859, D. P. 59. 2. 385. S. 61. 1. 151.

(5) Req. 22 juin 1859, précité; civ. 15 déc. 1873, S. 74. 1. 199 (motifs).

grosse différence pratique, si nouvelle convention est nécessaire chaque année. Mais avec cette interprétation s'élèvent des objections sérieuses contre une opération commerciale extrêmement utile et commode, le compte courant. Aussi les tribunaux permettent-ils, à notre époque où la fièvre des affaires empêche de laisser longtemps les capitaux improductifs, de capitaliser les intérêts d'avance à compter de chaque échéance annuelle (1).

Le sens de l'article 1305 du Code civil s'est modifié plus encore. Le moindre coup d'œil sur ses origines historiques nous y montre le résumé de la théorie romaine, transmise par notre ancien droit, donnant au mineur de vingt-cinq ans la faculté d'obtenir la *restitutio in integrum* contre les actes de son curateur, quand ils préjudiciaient à ses intérêts. Au reste, si l'on applique ce texte aux actes émanant du mineur personnellement, on lui fait une situation moins bonne qu'aux autres incapables, dispensés de prouver une lésion quelconque, illogisme trop palpable pour s'accorder avec les constructions harmonieuses du Consulat (2). Mais une épée de Damoclès aussi menaçante que la théorie latine pour la sécurité des relations d'affaires, qui se développent sans cesse dans nos sociétés contemporaines, aurait rejeté les mineurs en dehors de la vie juridique normale. En de telles conditions, nul n'aurait voulu traiter avec eux; et comme de nombreuses transactions s'imposent aujourd'hui, par la force des choses, avant la majorité des mineurs, la jurisprudence tient les engagements émanant de leur représentant légal, dans la limite de ses pouvoirs, pour aussi fermes que ceux d'un majeur; puis appliquant l'article 1305 aux actes émanant du mineur lui-même, ne les anéantit qu'au cas de lésion démontrée, sans se mettre en peine autrement du disparate qu'elle introduit ainsi dans la théorie des nullités (3).

Signalons encore une évolution jurisprudentielle, toute neuve. Jusqu'à ces vingt dernières années, on s'accordait à voir, dans l'allusion faite par l'article 1384, alinéa 1er du Code civil, à la responsabilité du fait des choses, une simple annonce des articles 1385 et 1386, comme dans celle qu'il contient à la responsabilité d'autrui une annonce des paragraphes suivants. La thèse est en train de changer; car les décisions de première

(1) Cass. 9 janv. 1877, S. 78. 1. 52, D. P. 77. 1. 435.
(2) Toullier, t. VI, n° 106.
(3) Civ., 18 juin 1844, S. 44. 1. 497, D. P. 44. 1. 225 (jurisprudence constante).

instance ou d'appel se multiplient, qui pensent y trouver le germe d'un principe général de responsabilité, fondé sur la propriété ou la garde des choses inanimées (1); et l'on avait cru cette interprétation adoptée par certain arrêt de cassation, un peu vague, et resté sans lendemain (2).

Pour en finir avec le Code civil, un dernier exemple. L'article 1422 défend au mari de donner entre-vifs une « quotité du mobilier » commun, expression qui, dans la terminologie dudit Code, signifie fraction numérique, partie aliquote, quote-part du mobilier (art. 914, 919, 920, 925, 926, 1010, etc.), comme on dit notamment « quotité disponible ». Avec cette signification, le mari fréquemment aurait eu toute liberté pour ruiner la communauté, aujourd'hui que la fortune mobilière est la rivale de l'autre. Nos juges y ont mis bon ordre, en qualifiant « donation de *quotité du mobilier* » toute libéralité mobilière d'une chose ou valeur représentant partie notable de la communauté (3).

En procédure nous rencontrerions des cas aussi intéressants d'interprétation déformante; témoin la théorie des nullités virtuelles assise sur l'article 1038, § 1er du Code de procédure civile.

L'âge vénérable de nos Codes n'est pas la seule cause de ces déformations. Ainsi, Waldeck-Rousseau, l'auteur de la loi du 21 mars 1884, ne reconnaissait aux syndicats professionnels la faculté d'ester en justice que pour la protection de leur patrimoine propre (4), tandis que, de l'article 6 de ladite loi, nos juges ont déduit un droit d'action pour protéger tout intérêt corporatif (5).

----

(1) En dernier lieu, voy. : Trib. Cherbourg, 23 nov. 1911, S. 1912. 2. sup. 25; Paris, 29 nov. 1911, S. 1912. 2. sup. 26; Trib. comm. Seine, 23 déc. 1911, S. 1912. 2. sup. 26.

(2) Civ., 16 juin 1896, S. 96. 1. 17, note M. Esmein; mais voy., Req. 30 mars 1897, S. 98. 1. 65, note M. Esmein; et Civ., 19 mars 1912, S. 1912. 1. sup. 72.

(3) Agen, 11 févr. 1895, S. 99. 2. 73, note M. Wahl, D. P. 97. 2. 513.

(4) Waldeck-Rousseau, consultation, *Rec. pér. proc. civ.*, 1887, p. 49 et s.

(5) Cabouat, *Examen doctrinal, Jurisprudence industrielle, Rev. crit.*, 1911, p. 257 et s.

§ 2

L'interprétation extensive.

Non moins féconde est l'extension d'un texte d'un cas prévu à d'autres dont il ne parle pas, extension comportant une série d'échelons, depuis l'application à des hypothèses analogues d'un texte conçu en termes simplement énonciatifs, jusqu'à la transposition d'un texte d'une matière à une autre sensiblement différente; depuis la généralisation d'une solution particulière conforme à l'équité, jusqu'à l'extension d'une règle exorbitante.

Aussi, procédant par bonds successifs, examinerons-nous d'abord l'extension à des hypothèses voisines d'un texte non limitatif, puis sa transposition à des hypothèses éloignées, puis l'extension de textes restrictifs ou exceptionnels.

I

Extension d'un texte à des cas voisins de ceux qu'il vise.

La doctrine la plus sévère ne refuse pas au juge le droit d'étendre à des cas voisins un texte n'ayant rien d'exorbitant. Mais qu'entendre par cas voisins? Là gît toute la difficulté. Quand on n'a pas étudié la jurisprudence d'un peu près, on n'a guère l'idée du nombre des affaires solutionnées par extension d'un texte.

A. — Lorsqu'un texte n'ayant rien d'exorbitant ni de limitatif ne prévoit qu'une ou deux hypothèses, nulle difficulté pour l'étendre à d'autres très voisines et peu nombreuses. Le silence gardé sur ces dernières s'explique à l'ordinaire aisément.

Tantôt c'est par inadvertance pure du rédacteur que la loi mentionne exclusivement certains cas. Ainsi la jurisprudence étend-elle les dispositions des articles 499 et 513 du Code civil, sur les aliénations et constitutions d'hypothèques, à la constitution de toute espèce de droits réels; celle de l'article 595 sur les baux à ferme aux baux à loyer; celle de l'article 2074 sur l'enregistrement de l'acte constitutif de gage aux autres moyens de lui donner date certaine (1); celle de l'article 2075 sur la signification au débiteur du nantissement de la créance à l'acceptation

(1) Cass., 17 févr. 1858, S. 58. 1. 365, D. P. 58. 1. 185.

dudit nantissement par ce débiteur dans un acte authentique [1]; celles des articles 1188 du Code civil et 124 du Code de procédure sur la faillite à la déconfiture [2].

Tantôt la loi ne vise que certains cas parce que, dans l'ordre d'idées prévu, ils étaient les seuls connus au jour de sa confection. C'est pourquoi la jurisprudence étend à l'exercice de toute profession l'habilitation tacite de la femme commerçante sanctionnée, d'après l'opinion générale, par l'article 4 du Code de commerce [3]; aux assurances terrestres ou sur la vie les dispositions du Code de commerce relatives aux assurances maritimes, qui n'ont pas un caractère exceptionnel, ou ne tiennent pas à la nature propre des risques de mer [4].

Tantôt le texte parle uniquement de tel cas parce qu'il est le plus important ou le plus fréquent de tous : *lex statuit de eo quod plerumque fit*. Cette explication devant être donnée extrêmement souvent, les extensions pour cette cause seront innombrables. Citons au hasard l'extension aux collatéraux, après décès de l'enfant, de la faculté donnée à celui-ci par l'article 197 du Code civil de prouver par la possession d'état le mariage de ses parents [5]; au cas d'omission ou destruction partielle, la liberté de suppléer par d'autres moyens de preuve aux actes de l'état civil, accordée par l'article 46 du Code civil en cas d'absence ou destruction totale des registres [6] ; à la liquidation d'une succession bénéficiaire l'article 503, § 3 du Code de commerce, qui permet aux créanciers survenus, dans la faillite, après la distribution d'acomptes, de faire un prélèvement compensatoire

(1) Cass., 24 janv. 1905, S. 1905. 1. 113.

(2) Cass., 12 déc. 1899, S. 1901. ¡1. 341 ; 6 févr. 1907, S. 1907. 1. 67 ; 29 oct. 1907. S. 1912. 1. 253.

(3) Req., 6 août 1878, S. 79. 1. 65 et 21 mars 1882, S. 83. 1. 113 (commise de magasin); Req., 22 juill. 1891. S. 93. 1. 65 et note M. Labbé (gardienne d'enfants); Paris, 23 août 1852, D. P. 52. 2. 10 et Trib. Seine, 13 févr. 1902, *Gaz· Pal.* 1903. 1. 763 (artiste dramatique ou lyrique).

(4) Forme de l'assurance (art. 332, C. comm.) : Civ. 2 mars 1903, S. 1903. 1. 216; Req. 31 mars 1886. S. 86. 1. 260. — Faillite de l'assureur (art. 346) : Cass., 13 mars 1899, S. 1900. 1. 125. Mais on n'étend pas les dispositions exceptionnelles, par exemple le privilège de la prime (art. 191, 10°) : Rouen, 6 mars 1890, S. 90. 2. 173; Trib. Cambrai, 30 mai 1884, S. 87. 2. 21.

(5) Civ., 28 févr. 1872, S. 72. 1. 97.

(6) Omission : Cass., 22 août 1831, S. 31. 1. 831 ; 18 mars 1846, S. 46. 1. 325, D. P. 46. 1. 97. — Destruction : Cass., 24 mars 1829, S. chr. — Extension à la reconnaissance par acte notarié : Req., 18 nov. 1901 (motifs) S. 06. 1. 77; D. P. 1902. 2. 529.

dans les distributions de deniers suivantes [1]; à la déconfiture les articles 552 à 555 du Code de commerce sur la production dans la faillite des créanciers hypothécaires ou privilégiés sur immeubles [2]; à la femme divorcée, et aux héritiers du mineur ou de la femme décédée, l'obligation d'inscrire l'hypothèque légale, dans l'année de la dissolution du mariage ou de la majorité, imposée à la femme et au mineur devenu majeur par la loi du 23 mars 1855, article 8 [3]; à la distribution par contribution; la plupart des dispositions concernant la procédure d'ordre établie par la loi du 21 mai 1858 (art. 749 et s. C. proc. civ.) [4].

B. — D'autres fois la jurisprudence va plus loin, et, s'élevant, non plus seulement de l'hypothèse particulière à l'espèce, mais de l'espèce au genre tout entier, voit dans un texte, qui vise un cas spécial, l'application d'une règle générale sous-entendue, qu'elle étend à toutes hypothèses du même genre juridique.

Notamment elle décidera, conformément à l'article 1071 du Code civil, chaque fois que la loi impose une formalité de publicité, la transcription par exemple, pour rendre un acte opposable aux tiers, que la connaissance acquise par d'autres moyens ne supplée pas à l'absence des formalités légales; conformément aux articles 1429 et 1430, que les baux passés pour plus de neuf ans, ou renouvelés plus de deux ou trois ans d'avance, suivant les cas, sont des actes de disposition excédant les facultés de l'incapable ou de l'administrateur du bien d'autrui; conformément à l'article 1660, que toutes conventions faites pour une durée supérieure au maximum légal ne seront pas nulles,

---

(1) Planiol, *Tr. de droit civil*, 5ᵉ éd., t. III, n° 2156.

(2) Garsonnet et Cézar. Bru, *Tr. théor. et prat. de procédure*, 2ᵉ éd., V, § 1764, p. 237, note 5.

(3) A la femme divorcée : Trib. Bordeaux, 15 janv. 1894, D. P. 94. 2. 577; aux héritiers de la femme décédée : Req., 2 juill. 1877, S. 77. 1. 415, D. P. 78. 1. 408; aux héritiers du mineur décédé : Civ., 22 août 1876, S. 76. 1. 471, D. P. 78. 1. 212; Trib. Gray, 4 déc. 1877, D. P. 1878. 3. 24.

(4) Garsonnet et Cézar-Bru, *op. cit.*, t. V, § 1923 et s., p. 544 et s., et les nombreux arrêts cités en note. Ex. : sommation au domicile élu par l'opposant (art. 753, C. pr. civ.) : Bordeaux, 7 juin 1839, J. G. v° *Distribution par contribution* n° 75; Douai, 14 janv. 1865, D. P. 65. 2. 212; ouverture d'une sous-contribution (art. 775) : Trib. Caen, 27 juill. 1893, S. 94. 2. 313. On écarte comme exceptionnel l'article 773 fixant un nombre minimum de créanciers pour ouvrir un ordre (Cass., 9 août 1832, S. 1832. 1. 721; Trib. Lorient, 27 févr. 1895, D. P. 99. 2. 251) et, comme inapplicable par la force des choses à des créanciers chirographaires, l'article 758, § 2 (ordre partiel, Civ. 30 juin 1845, D. P. 45. 1. 320).

mais réductibles à ce maximum (1); conformément à l'article 1673, chaque fois qu'une personne doit restituer un immeuble pour annulation, rescision ou résolution de son titre, voire pour absence de titre, que les baux et plus généralement tous actes d'administration émanant d'elle demeureront valables.

En droit commercial, il est des généralisations analogues ; témoin celle de la clause à ordre, dont la loi ne parle qu'à propos de cas spéciaux (lettre de change, art. 136, C. comm.; billet à ordre, art. 187; connaissement, art. 281; billet de grosse, art. 313; warrants et récépissés de magasins généraux, loi du 28 mai 1858, art. 3; chèque, loi du 14 juin 1865, art. 1er).

C'est surtout en procédure qu'on rencontre des généralisations de cette sorte ; car, la plupart des textes n'y visant que des cas particuliers, il a bien fallu forger des principes régissant tous les autres indistinctement. Ainsi toutes les dispositions du Code de procédure civil concernant l'ajournement et la marche de l'affaire devant les tribunaux civils d'arrondissement sont étendus à toutes autres juridictions (2), même à la Cour en cause d'appel, sauf des variantes imposées par l'organisation de chacune (3); les articles 397, 399 et 469 du même Code sur la péremption sont appliqués devant toute autre juridiction, et en tout état de cause, même en appel (4); la loi du 21 vent, an XI, article 13-16, réglant la forme des actes notariés, contient le droit commun applicable à tous actes authentiques (5).

II

Extension à des hypothèses éloignées.

Ce deuxième genre d'extension, par analogie lointaine, est souvent très utile, mais suscite parfois des réserves au point de

---

(1) Lyon, 25 août 1875, S. 76. 2. 68; Civ., 20 janv. 1836, D. P. 36. 1. 42; voy. cep. Trib., Périgueux, 18 mars 1886, *J. Le droit*, 20 avr. 1884; Trib. Beaune, 9 déc. 1858, D. P. 59. 3. 69.

(2) Trib. comm. Rennes, 5 janv. 1912, *Rec. pér. proc.*, 1912, p. 189.

(3) Lorsque l'intimé réside hors de France, l'acte d'appel doit être notifié au parquet général (cf. art. 69-10°, C. pr. civ.) : Req., 24 nov. 1885, D. P. 86. 1. 256; Toulouse, 10 janv. 1899, S. 1900. 2. 176; Paris, 17 févr. 1899, S. 1901. 2. 78; Alger, 18 déc. 1906, S. 1907. 2. 57; Req., 19 déc. 1910, S. 1911. 1. sup. 19; de même l'acte de pourvoi doit être notifié au parquet de cassation : Cass., 20 nov. 1889, D. P. 90. 1. 54.

(4) Trib. Albi, 27 mars 1912, *Gaz. Trib. Midi*, 7 juill. 1912.

(5) Cass. 10 sep. 1869, S. 70. 1. 47; D. P. 70. 1. 141; Alger, 19 mai 1908, D. P. 1909. 2. 51; Cf. Cass. 10 juill. 1909, S. 1909. 1 sup. 92.

vue rationnel. A proprement parler, la jurisprudence opère une transposition de texte pour cause d'utilité pratique. Poussant plus avant que précédemment, elle s'élève du cas particulier non plus seulement à l'espèce, ou même au genre, mais au groupe de genres n'ayant plus entre eux que de rares points de contact et des affinités lointaines, souvent toutes superficielles, parfois contestables.

A. — Ordinairement ces extensions ne vont pas au delà de quelques cas plus ou moins analogues à celui que prévoit le texte interprété. Les exemples en sont abondants.

La jurisprudence étend les règles énoncées aux articles 99 et s. du Code civil, 855 et s. du Code de procédure civile, pour la rectification des erreurs et fautes commises dans la rédaction des actes de l'état civil, au cas où il est nécessaire de rédiger l'acte en entier, quand on n'est pas dans les conditions requises pour s'adresser directement aux officiers. municipaux, spécialement pour dresser un acte de décès quand le cadavre a disparu, sans espérance de le retrouver.

Au domicile et au siège social, la jurisprudence dite « des gares principales » assimile toute agence locale d'une société, dont l'importance est suffisante pour diriger les affaires sociales dans toute la localité (1).

Les tribunaux soumettent l'action en nullité de mariage pour cause de folie, c'est-à-dire pour absence totale de consentement, aux conditions prescrites en cas de vice du consentement, spécialement de violence (2).

Quoique l'adoption ait pour but de procurer une filiation fictive à qui n'a pas de descendance, et que la légitimation des enfants naturels s'opère normalement par mariage de leurs auteurs, la jurisprudence étend les articles 343 et s. du Code civil aux enfants naturels reconnus, créant ainsi un mode nouveau de légitimation (3).

Elle paraît bien aussi vouloir étendre l'article 555, relatif aux constructions sur le terrain d'autrui, au cas de simple empiéte-

---

(1) Req., 15 avr. 1893, S. 93. 1. 319; Civ., 30 juin 1891, S. 91. 1. 479; et 3 févr. 1885, S. 86. 1. 269.

(2) Cass., 26 févr. 1890, S. 90. 1. 216; Trib. Seine, 20 févr. 1912, S. 1912. 2. sup. 18. La jurisprudence belge, pourtant si sévère ordinairement en fait d'exégèse, est dans le même sens : Gand, 2 juin 1902, S. 1903. 4. 24 ; Cf. Labbé, note S. 89. 2. 177.

(3) Cass., 8 déc. 1868, S. 69. 1. 159.

ment sur un immeuble contigu en construisant sur le sien propre (1).

Elle ajoute le conjoint à la liste des parents que l'article 903, § 2, relève de l'incapacité de recevoir, pendant sa dernière maladie, des libéralités de la personne qu'ils ont traitée comme médecin ou assistée comme ministre du culte (2).

Elle considère comme un légataire universel, répondant à la définition de l'article 1003, la personne chargée d'employer entièrement, avec pleins pouvoirs, l'actif successoral, sans en rien conserver, qui serait plus proprement qualifiée exécuteur testamentaire (3).

Elle soumet aux articles 1200 et s. l'obligation *in solidum* des auteurs d'un quasi-délit accompli en commun, qui possède ainsi tous les effets de la solidarité parfaite (4).

Elle voit une gestion d'affaires produisant les conséquences prévues sur l'article 1375, malgré les protestations de la doctrine, non plus seulement, comme au début de l'institution, dans des actes juridiques au nom d'autrui, mais encore dans des actes matériels profitables à autrui, ou faits à la place d'autrui (5).

Autre extension analogue : des droits, elle a transposé les principes de la vente aux choses, appliquant ainsi les articles 1582 et s. du Code civil aux cessions de clientèle et de fonds de commerce (6).

Des articles 1690 et 2075, elle déduit que les formalités relatives au transfert des créances proprement dites s'appliquent à la mise en gage des actions, et impose la signification au siège social de l'acte de nantissement de celle-ci (7).

Tant mal que bien, elle applique l'article 2076, visiblement écrit pour le nantissement des objets matériels, aux biens incor-

---

(1) Cass., 16 juin 1903, S. 1902. 1. 329; 15 juill. 1901, S. 1902. 1. 217; 25 oct. 1897, S. 98. 1. 324; 25 avr. 1888, S. 88. 1. 327; 22 avr. 1823, S. 23. 1. 1. 381; Cf. Trib. Bourg, 9 juin 1911, S. 1911, 2 sup. 51.

(2) Trib. Dax, 25 mai 1899, D. et P. 99. 2. 357; Paris, 11 nov. 1851, cité par Troplong, *Donations*, t. II, n° 613.

(3) Req., 7 janv. 1902, D. P. 1903. 1. 302; Civ., 12 mai 1902, D. P. 1902. 1. 425.

(4) Req., 17 mars 1902, D. P. 1902. 1. 541.

(5) Cass., 16 juill. 1890, D. P. 91. 1. 49, S. 94. 1. 9, Trib. comm. Seine, 3 janv. 1900, S. 1902. 2. 217; *Contrà* : Demolombe, *Tr. des oblig.*, t. VIII, n° 108; Planiol, *op. cit.*, 6° éd., t. II, n° 2274, p. 711.

(6) Lyon-Caen et Renault, *Tr. dr. comm.*, 4° éd., t. III, n° 245; Planiol, *op. cit.*, 6° éd., t. II, n° 1370, p. 455 et note.

(7) Paris, 18 août 1881, S. 81. 2. 25.

porels, ce qui causait d'inextricables difficultés pour le nantissement des fonds de commerce avant les lois du 1ᵉʳ mars 1898 et
du 17 mars 1909, et ce qui embarrasse parfois la pratique en cas
de nantissement de droits successifs [1] ou de propriété littéraire
ou artistique [2].

De la gratuité du mandat en thèse générale (art. 1986 et 1999),
les tribunaux déduisent le droit pour eux de proportionner le
salaire convenu à la tâche exécutée, soit qu'elle ne l'ait pas été
en entier par la faute du mandataire, soit qu'ils estiment simplement son chiffre excessif [3].

Quoique l'article 2257 vise exclusivement la prescription des
créances conditionnelles, nos juges l'étendent aux droits réels,
n'entraînant avec eux que peu d'auteurs [4].

Une extension non moins curieuse est celle de l'article 2279
aux titres au porteur, à qui la jurisprudence antérieure au Code
civil appliquait déjà la règle « en fait de meubles la possession
vaut titre », essentiellement édictée pour les objets corporels [5].

Il est des matières où le juge n'a statué qu'à coups d'extensions
par analogie lointaine ; telle est celle des droits de la personnalité. Dans le silence de la loi, il leur adapte, *mutatis mutandis,*
des textes concernant les droits patrimoniaux. Plus loin, nous
verrons assimiler le droit sur le nom à la propriété. Aux biens
de famille indivisibles ayant une valeur exclusivement ou principalement morale, on étend la notion de copropriété ; c'est le
cas pour les tombeaux [6]. Pour la réparation d'un préjudice
moral, on accorde, quoiqu'il ne soit pas estimable en argent,
une indemnité pécuniaire, comme pour celle des lésions patri-

---

(1) Cass. 19 févr. 1894, S. 94. 1. 273, note M. Lyon-Caen.

(2) Paris, 15 janv. 1874, S. 76. 2. 10.

(3) Req., 27 janv. 1908, S. 1908. 1. 223; Cf. Guillouard, *Tr. du mandat,*
nᵒˢ 164 et s., p. 493 et s.

(4) Montpellier, 10 janv. 1878, S. 78. 2. 313; Cass., 30 déc. 1879, S. 80. 1.
64; 9 juill. 1879, S. 79. 1. 463; 8 janv. 1900, S. 1900. 1. 224; *Sic*, Planiol,
op. cit., 6ᵉ éd., t. II, nᵒ 2654, p. 831; Cf. Bourcart, S. 90. 1. 161; *Contrà*,
Limoges, 17 juin 1905, S. 1907. 2. 301; Aubry et Rau, t. II, § 213; Bufnoir,
Propriété et contrat, p. 399 ; Guillouard, *Prescript.,* t. I, nᵒ 142 ; Huc,
t. XIV, nᵒ 423 ; Labbé, S. 78. 2. 313; Tissier, *Prescript.,* nᵒˢ 396 et s.

(5) Civ., 13 niv. an XII; Merlin, *Questions de droit,* vᵒ *Revendication,* § 1.

(6) Trib. Bordeaux, 8 nov. 1911, S. 1912. 2. sup. 31 et les renvois. Il
en résulte des divergences extrêmes et constantes entre les arrêts sur
les droits respectifs des prétendus copropriétaires.

moniales [1]. La transmission successorale des papiers et portraits de famille s'opérera comme celle des biens proprement dits [2]. Pour la protection des droits de la personnalité des incapables, on invoque, autant que faire se peut, et faute de mieux, les règles établies pour la représentation ou protection de leurs intérêts d'argent [3]. Un arrêt pour garantir le droit exclusif d'une famille à ses armoiries argumente de la législation sur les marques de fabrique et de la propriété des enseignes [4]. Plus loin, nous verrons la jurisprudence étendre aux droits de la personnalité la théorie des contrats et celle des legs.

En procédure civile, les extensions sont encore plus nombreuses et plus forcées, faute, extrêmement souvent, d'avoir d'autres moyens de combler des lacunes fâcheuses.

La matière des renvois en fournit, à elle seule, trois séries d'exemples. D'abord, au renvoi d'un tribunal à un autre, pour cause de suspicion légitime, seul cas prévu par l'article 65 de la constitution du 22 frim. an VIII, demeuré en vigueur, la jurisprudence assimile le renvoi pour toute cause empêchant le tribunal de se constituer au complet (abstention, récusation, ou empêchement du tribunal entier, ou de presque tous ses membres, suppression d'un tribunal, démembrement du territoire où il siégeait) [5]. D'autre part, quoique l'article 65 précité suppose toujours la demande en renvoi portée devant la Cour de cassation, par analogie de l'article 363 (règlement de juges) du Code de procédure civile, on porte le débat devant le tribunal placé immédiatement au-dessus du juge saisi [6]. Enfin, malgré le silence de la loi sur le moment de la procédure où cet incident doit être soulevé, on exige, autant que possible, que la requête soit formée avant la mise en l'état de l'affaire principale, par analogie de l'article 369 du même code [7].

Par analogie de l'article 883, Code de procédure civile, les Cours d'appel admettent l'existence d'un recours au tribunal civil

(1) Demogue, *Les notions fondamentales du droit privé*, p. 415 et s.; Cf. notre étude : *Des droits de la personnalité*, p. 16.

(2) Lettres et papiers : Req., 23 déc. 1901, S. 1902. 1. 216; portraits, Paris, 3 mars 1896, S. 99. 2. 231, D. P. 97. 2. 34.

(3) Voy. notre étude précitée, *Des droits de la personnalité*, p. 32.

(4) Paris, 8 août 1865, D. P. 65. 2. 121, S. 68. 1. 111.

(5) Voy. arrêts cités par Garsonnet et Cézar-Bru, *op. cit.*, 2e éd., t. II, § 751, p. 571, texte et notes 8 et s.

(6) Voy. arrêts cités, *ibid.* p. 571, note 3.

(7) Voy. arrêts cités, *ibid.* p. 572 et s., notes 13 et s.

d'arrondissement contre les décisions des conseils de famille relatives à l'organisation des tutelles (1). Parties de ce principe, elles accordaient spécialement ce recours à la tutrice remariée contre la délibération dudit conseil lui retirant la tutelle (2); mais sur ce point la Cour suprême a refusé de les suivre (3). ·

Après hésitations, une jurisprudence encore utile dans les hypothèses étrangères à la loi du 12 janv. 1895 et aux articles 51 et s. du Code de travail a étendu l'insaisissabilité des pensions et provisions alimentaires, édictée par l'article 581 du Code de procédure civile, à la portion des salaires indispensable à la subsistance du salarié et de sa famille (4).

De l'article 1036 du Code de procédure civile, leur donnant le droit de prononcer des injonctions, les tribunaux ont fait sortir la théorie des astreintes (5).

La procédure d'opposition à la taxe, régie par le décret du 16 févr. 1807 (art. 6), est étendue au plaideur qui requiert la taxe, et à l'expert vis-à-vis de l'ordonnance taxant à sa demande ses frais et honoraires (6). ·

De l'ordonnance du 20 nov. 1824 (art. 24), admettant l'appel contre les décisions des conseils de discipline frappant des avocats de radiation ou suspension, la jurisprudence a tiré, par extensions successives à des hypothèses de plus en plus éloignées de ce cas, le principe général d'un recours contre toute décision desdits conseils relative au contenu du tableau de l'Ordre (7).

(1) Bourges, 13 juin 1906, S, 1907. 2. 111 (maintien du tuteur accusé d'incapacité). Cf. Lyon-Caen, S. 1902. 1. 395.

(2) Agen, 24 déc. 1860, S. 61. 2. 182; Rouen, 25 nov. 1868, S. 69. 2. 88; Montpellier, 11 mai 1883, S. 85. 2. 50; Paris, 19 nov. 1887, S. 88. 2. 29; Caen, 13 déc. 1897, S. 98. 2. 64; Trib. Niort, 13 nov. 1900, *Pand. fr.*, 1902. 2. 273, note de M. Demogue.

(3) Cass., 23 juin 1902, S. 1902. 1. 385, note de M. Lyon-Caen; 31 déc. 1902, S. 1903. 1. 88; Besançon, 30 nov. 1904, S. 1905. 2. 164.

(4) Cass., 29 mai 1878, S. 79. 1. 64, *Contrà*, Bordeaux, 17 mars 1858, D. P. 59. 2. 6. La Cour suprême refuse d'étendre cette insaisissabilité aux pensions établies à titre onéreux : Cass., 8 déc. 1908, S. 1911. 1. 377, note de M. Tissier.

(5) Esmein, *L'origine et la logique de la jurisprudence en matière d'astreintes, Rev. trim. dr. civ.* 1903, p. 5 et s.

(6) Civ., 19 janv. 1886, S. 86. 1. 56; Riom, 13 mai 1889, S. 92. 1. 401; Trib. Lorient, 20 mars 1907, D. P. 1907. 2. 168. Cf. Balleydier, S. 92. 1. 402, § 3. Sur les limites apportées à cette extension quant à la compétence de la Chambre du conseil et aux délais d'opposition, voy. Civ., 11 mai 1909, S. 1911. 1. 297 et note M. Tissier.

(7) Il est aisé de suivre cette évolution à travers les arrêts suivants : Req.

Certainement l'interprétation la plus extensive d'un texte de procédure est celle qui, sur les vagues allusions des articles 506, 1040 et autres analogues, a bâti la riche théorie prétorienne des ordonnances sur requête (1).

B. — Quelquefois la jurisprudence fait, par extension, si large emploi de certains textes, que volontiers nous les nommerions « textes passe-partout ».

Ce sont d'abord les articles 1108 et 1133 du Code civil, relatifs aux conditions de validité des contrats d'ordre patrimonial, que les juges appliquent soit aux actes juridiques unilatéraux patrimoniaux comme les testaments, soit aux conventions ou actes concernant la personnalité, comme le mariage ou la reconnaissance d'enfant naturel.

Ce sont les articles 1156 à 1164, concernant l'interprétation des contrats, qu'ils étendent à celle d'actes juridiques de toute espèce, parfois même à celle des lois.

Ce sont les articles 1315 et s., consacrés à la preuve des obligations et du paiement, qui sont devenus les principes fondamentaux de la preuve quelle que soit la matière.

Ce sont aussi les articles 1382 et s., primitivement écrits en vue des seuls rapports délictuels de droit privé, entre personnes physiques, devenus des règles générales applicables à toute question de responsabilité, même dans des rapports contractuels même aux personnes morales, même dans des questions de droit public, comme la responsabilité de l'Etat ou des fonctionnaires.

C'est surtout l'article 544, appliqué par la jurisprudence au droit sur le nom civil ou commercial, au droit d'auteur, aux brevets d'invention, aux marques de fabrique, aux offices ministériels, au droit du détenteur d'une lettre missive, bref à tous les droits innomés de grande étendue et d'un caractère exclusif(2).

6 mars 1860, D. P. 60. 1. 174 (réinscription d'ancien avocat); Req., 3 juill. 1861, D. P. 61. 1. 248; Civ., 16 déc. 1862, D. P. 62. 1. 497 et 15 févr. 1864, D. P. 64. 1. 67 (inscription au barreau d'une résidence nouvelle); Civ. 29 juill. 1867, D. P. 67. 1. 321 (passage d'un stagiaire au tableau); Civ., 8 janv. 1868, S. 68. 1. 3, D. P. 68. 1. 54 et Req. 11 nov. 1895, S. 96. 1. 169, D. P. 96. 1. 65 (admission au stage).

(1) Nous n'avons cité aucun des cas où l'extension jurisprudentielle a été adoptée par le législateur : légitimation d'enfants incestueux, L. 7 nov. 1907; réserve de l'enfant naturel, L. 25 mars 1896, etc. ; ni aucune des extensions abandonnées par la jurisprudence : article 1398 (Ch. réunies, 21 juin 1892, S. 94. 1. 449 note Bufnoir).

(2) Sur la propriété du détenteur d'une lettre missive, V. M. Geny, *Des droits sur les lettres missives*, t. I, nᵒˢ 123 et s., p. 316 et s.

En procédure également il y a des passe-partout. Citons par exemple les articles 61 et s. du Code de procédure civile, considérés comme formulant le droit commun de la rédaction et de la signification de tous exploits d'huissiers (1), ou les dispositions des codes civil et de procédure sur les scellés, inventaires, curateurs et séquestres, dès longtemps généralisées, quoiqu'elles visent des cas spéciaux (2).

III

Extension de textes exceptionnels.

Dans les cas précédents, si surprenante que parut la solution jurisprudentielle, à la rigueur elle se conciliait avec les principes d'interprétation de la doctrine; car l'analogie n'est qu'une question de plus ou de moins, c'est-à-dire essentiellement contingente. Mais voici que le divorce va s'accentuer entre les auteurs et les tribunaux, ceux-ci admettant l'extension de textes exceptionnels, soit à raison de leur caractère limitatif, soit à raison des dérogations qu'ils apportent au droit commun.

A. — Il est de nombreux textes dont la forme seule attesterait le caractère limitatif, et que pourtant la jurisprudence actuelle étend bien au delà de leurs termes. En voici quelques hypothèses typiques.

L'énumération, dans l'article 1558 du Code civil, des exceptions à l'inaliénabilité dotale a voulu être de droit strict. Cependant, un longue jurisprudence, non contente d'appliquer à la faculté d'hypothéquer la liberté donnée d'aliéner (3), étend chaque jour ses dispositions à des cas voisins, soit en argumentant d'autres textes, soit par simple équité (4).

L'article 1967 du Code civil n'apporte exception à l'inefficacité juridique des dettes de jeu que lorsqu'elles sont volontairement payées, auquel cas la répétition est interdite. Les tribunaux vont plus loin en appliquant la même règle au cas où

(1) Garsonnet et Cézar-Bru, *op. cit.*, 3ᵉ éd., t. II, nᵒˢ 97 et s., p. 162 et s.

(2) Bonjean, *Ordonnances sur requête et sur référé*, 1ʳᵉ partie, nᵒ 1650, p. 756; — L. Mérignhac et A. Mérignhac, *Ordonnances sur requêtes et sur référés*, t. I, nᵒ 710, p. 416 et s.; G. Lacoin, *Des administrateurs commis par justice* (1898).

(3) Cass. 7 juill. 1857, D. P. 58. 1. 405 (jurispr. constante).

(4) *Examen doctrinal, Jurisprudence civile, Rev. crit.*, 1912, p. 73 et s.; Sirey, 6ᵉ table décennale, vᵒ *Dot*, nᵒˢ 84 et s.

les enjeux seraient mis sur table au début de la partie (1).

L'article 2275 n'autorise à combattre les courtes prescriptions que par le serment. Nos juges admettent aussi l'aveu, fût-il implicite(2), comme la déclaration qu'on a versé des acomptes(3).

En procédure aussi les extensions de textes limitatifs sont légion.

Si l'énumération des témoins reprochables par l'article 283, C. proc. civ. n'est pas limitative, elle est inutile, et l'on n'en comprend guère les précisions. Cependant les tribunaux décident le contraire (4).

Aux « offres, aveu, consentement donnés ou acceptés » sans pouvoir spécial par l'officier ministériel (huissier ou avoué) chargé des intérêts d'un plaideur, et qui ouvrent seuls, d'après l'article 352 du Code de procédure civile, l'action en désaveu, la jurisprudence assimile par analogie l'offre de la preuve par témoin ou autrement, la délation du serment, la renonciation à une déchéance ou nullité, ou même des actes ne présentant avec les trois faits prévus par la loi que des ressemblances éloignées, comme une élection de domicile, une réception de paiement, la formation d'une demande incidente imprévue, la résistance à à une prétention que le client avait ordonné d'accueillir, etc. (5).

Toutes les lois qui édictent l'insaisissabilité de salaires, traitements ou pensions de retraites énumèrent soigneusement les exceptions qu'elles y apportent, généralement en faveur des personnes ayant droit de réclamer des aliments au bénéficiaire de l'insaisissabilité. Quelle que soit l'étendue de ces énumérations, jamais la jurisprudence ne manque d'y ajouter quelque chose(6).

Volontairement nous avons choisi les exemples précédents parce que la solution n'en est généralement pas discutée par la doctrine, et parce que la jurisprudence a, jusqu'à un certain point, le droit de prétendre qu'en infligeant ces accrocs à ces textes, elle revient au droit commun. Mais cette condition n'est pas indispensable à ses extensions, comme nous allons le voir maintenant.

<hr>

(1) Cass., 26 févr. 1892, S. 92. 1. 601.
(2) Cass., 30 juill. 1879, S. 79. 1. 457, D. P. 79. 1. 424.
(3) Trib. paix Courbevoie, 14 mai 1907, *Gaz. Pal.*, 1907. 2. 309.
(4) Trib. Château-Chinon, 1er juin 1911, S. 1912. 2. sup. 28 et les renvois.
(5) Garsonnet, *op. cit.*, t. III, § 911, p. 176 et s., notes 4 et s.
(6) Sur l'interprétation de l'article 28 de la loi du 11 avr. 1831, Trib. Lille, 5 déc. 1911, S. 1912. 2. 155 et renvois.

B. — La jurisprudence interprète extensivement des textes que leur nature propre obligerait à prendre au pied de la lettre parce qu'ils dérogent gravement au droit commun :

1° Il en est ainsi d'une part en droit civil pour de nombreuses dispositions édictant, soit des incapacités ou déchéances, soit des faveurs ou privilèges.

a) La jurisprudence applique au mariage du grand-oncle et de la petite-nièce, de la grand'tante et du petit-neveu, l'incapacité qu'édicte l'article 163 du Code civil, contre celui de l'oncle et de la nièce, de la tante et du neveu (1); à la séparation de corps, la déchéance prononcée en cas de divorce par l'article 299, contre celui des conjoints qui a perdu son procès, quant aux libéralités reçues de l'autre (2); à la recherche judiciaire de la filiation naturelle pendant le mariage, l'inefficacité de la reconnaissance volontaire, par l'un des époux, vis-à-vis de son conjoint et de leurs enfants légitimes (3); aux légataires universels et à titre universel, l'obligation *ultra vires* à toutes les dettes ou charges de la succession, qui frappe l'héritier *ab intestat*, s'il n'accepte sous bénéfice d'inventaire dans les formes et délais prévus par les articles 793 et s. (4); aux actes clandestins d'appropriation antérieurs à l'ouverture de la succession, même faite de connivence avec le défunt, la déchéance prononcée contre l'héritier par l'article 792 en cas de divertissement ou de recel de biens héréditaires (5); aux sages-femmes et aux empiriques, l'incapacité de recevoir de leurs clients, pendant leur dernière maladie, des libéralités (6); aux plantations enracinées dans le sol et aux machines incorporées aux bâtiments, la responsabilité qu'édicte l'article 1386 contre le propriétaire d'un bâtiment (7); aux héritiers de la femme commune en biens décédée, la perte de la faculté de renoncer à la communauté, s'ils n'ont fait inventaire dans les

(1) Cass., 28 nov. 1877, S. 78. 1. 337.

(2) Ch. réun., 23 mai 1845, S. 45. 1. 321, D. P. 45. 1. 225.

(3) Cass., 16 déc. 1861, S. 62. 1. 420, D. P. 62. 1. 39; Grenoble, 26 juin 1895, D. P. 96. 2. 139. Toutefois la plus récente jurisprudence atténue un peu cette solution : Douai, 26 févr. 1903, S. 1905. 2. 145, D. P 1904. 2. 385, et note M. Planiol.

(4) Cass., 1er août 1904, S. 1905. 1. 13 et 13 août 1851, D. P. 51. 1. 281.

(5) Cass., 9 mai 1905, S. 1906. 1. 15; 4 mai 1898, S. 1900. 1. 446.

(6) Sages-femmes. Trib. Bordeaux, 2 mars 1892, *Rec. Bordeaux*, 1892. 2. 58; empiriques : Lyon, 17 juin 1896, S. 98. 2. 124 et les renvois.

(7) Arbres : Paris 20 août 1877, S. 78. 2. 48; machines : Cass., 19 avr. 1887, S. 87. 1. 217; Nancy, 21 mars 1896, S. 96. 2. 235.

trois mois, conformément à l'article 1456 (1). Tout récemment la Cour de cassation décidait que l'acheteur d'un animal, mort d'une maladie contagieuse, doit intenter contre son vendeur l'action en garantie dans les dix jours du décès naturel, délai prévu pour le cas d'abatage seulement par la loi du 23 févr. 1905 (art. 1ᵉʳ) (2).

b) Inversement la jurisprudence élargit, par voie d'interprétion, des faveurs et privilèges, par exemple en étendant à la recherche de la filiation naturelle la définition du commencement de preuve par écrit donnée par l'article 324 pour la filiation légitime (3); aux enfants de l'adopté, la vocation successorale donnée à leur père vis-à-vis de l'adoptant par l'article 350 (4); à toutes hypothèses de *debitum cum re junctum*, le droit de rétention accordé dans divers cas particuliers par les articles 570, 867, 1612, 1673, 1749 du Code civil et 105 du décret du 15 août 1903 (5); aux biens autres que le prix provenant des objets donnés par un ascendant, au cas de retour légal, conformément à l'article 747; aux pins d'éclaircissage dans les *pignadars* de Gascogne (forêts de pins en haute futaie), le droit de l'usufruitier sur les arbres fruitiers brisés par accident (6); au régime dotal, le retrait d'indivision organisé par l'article 1408 sous le régime de communauté (7); aux donations de biens communs par le mari, l'action en indemnité compensatoire accordée en cas de legs par l'article 1423, s'ils sont compris en fait dans le lot de la femme (8).

Mieux encore : par argument de l'article 320 du Code de commerce, accordant au prêteur à la grosse, privilège sur le chargement, comme sur les corps et quille, la jurisprudence accorde pour le paiement de la prime, à l'assureur sur facultés,

---

(1) Civ., 15 juin 1909, S. 1910. 1. 129 et la note de M. Le Courtois.

(2) Civ., 13 déc. 1911, *Gaz. Pal.*, 1912. 1. 116, *Contrà*, Baudry-Lacantinerie et Saignat, *De la vente*, n° 454.

(3) Cass. 23 nov. 1868, S. 68, 1. 5. D. P. 69. 1. 26.

(4) Cass., 10 nov. 1869, S. 70. 1. 18, D. P. 70. 1. 209.

(5) Orléans, 23 juin 1898, D. P. 99. 2. 63; Cass., 10 août 1870, D. P. 71. 1. 40; 17 janv. 1866, D. P. 66. 1. 76; 13 mai 1861, D. P. 61. 1. 328. S. 61. 1. 865; Rouen, 18 déc. 1856, S. 57. 2. 558, D. P. 57. 2. 109.

(6) Trib. Lectoure 15 nov. 1911, S. 1912. 2. sup. 28. On nomme, en Gascogne, pins d'éclaircissage les jeunes arbres coupés pour faire de la place aux autres mieux venus et favoriser leur developpement.

(7) Cass., 26 janv. 1887. S. 90. 1. 293, D. P. 87. 1. 275.

(8) Nancy, 17 mai 1861, S. 61. 2. 473; Agen, 11 févr. 1896, S. 99. 2. 73.

un privilège sur les marchandises embarquées (1); et d'autre part, elle reconnaît droit au privilège des matelots, pour leurs gages et loyers, sur le navire, à l'État, quand il a fait l'avance des frais de rapatriement des matelots (2).

2° En matière de compétence et de procédure, on rencontre également des arrêts interprétant d'une manière élastique des textes très exceptionnels.

Ainsi l'on étend aux litiges concernant la filiation naturelle, la compétence exclusive des tribunaux civils, et la prohibition d'entamer au criminel des poursuites pour suppression d'état tant que ces tribunaux n'ont pas tranché la question de filiation, édictées par les articles 326 et 327 du Code civil en matière de filiation légitime (3).

On applique à toute juridiction, même civile, l'article 504 du Code d'instruction criminelle donnant au tribunal, à la barre duquel est commis un outrage envers un de ses membres, le pouvoir de condamner le délinquant séance tenante à une peine correctionnelle (4); à tous les tribunaux, même civils, à juges multiples le droit d'ordonner l'arrestation immédiate du délinquant, et aux Cours d'appel, même en audience civile, celui de le juger sans désemparer, en cas de crime ou délit commis à l'audience (art. 506, C. instr. crim.) (5).

La Cour de cassation reconnaît au président de toute juridiction, voire aux juges de paix, le droit concédé aux présidents des Cours d'appel, de ne désigner les parties que par les noms et titres qu'il estime leur appartenir légitimement (Décr. 6 juill. 1810, art. 38) (6).

De même, par analogie du droit qui lui est reconnu, par des textes spéciaux, à l'égard des actes d'état civil, des arrêts ont admis le ministère public à poursuivre d'office au civil la rectification de noms usurpés dans tous actes publics, notariés par exemple (7).

---

(1) Voy. décisions citées par Lyon-Caen et Renault, *op. cit.*, 2° éd., V. n° 1466, p. 439, note 7.

(2) Paris, 17 avr. 1907, S. 1909. 2. 65 et note M. Blondel, *Sic.*, Lyon-Caen et Renault, *op. cit.*, t. IV; n° 389, p. 256.

(3) Cass., 29 mai 1873, S. 73. 1. 485. D. P. 73. 1. 386.

(4) Ch. réun., 25 juin 1855, D. P. 55. 1. 429.

(5) Crim., 4 janv. 1862, D. P. 62. 1. 97.

(6) Crim. 22 juill. 1905, D. P. 05. 1. 373 note M. Fauchille, S. 1905. 1 sup. 32; Trib. police de Paris, 7 nov. 1904, D. P. 1905. 2. 641.

(7) Req. 25 mars 1867, S. 67. 1. 215; D. P. 67. 1. 300; Besançon, 6 févr. 1866, D. P. 66. 2. 14.

§ 3

L'interprétation restrictive.

A. — La jurisprudence est d'accord avec la doctrine quand elle refuse, au contraire, d'étendre par analogie des textes dérogeant sensiblement aux principes généraux du droit, par exemple quand elle refuse d'étendre la responsabilité de l'aubergiste, édictée par les articles 1952 et 1953, aux personnes exerçant des professions similaires, mais non identiques (1), ou à l'assureur, pour le paiement de la prime, le privilège pour frais faits en vue de conserver la chose (art. 2102-3° du Code civil) (2).

Hâtons-nous de dire que cette interprétation restrictive, ou plutôt non extensive, est le plus souvent admise en pareils cas par les tribunaux. Inutile d'insister sur ce premier point (3).

B. — Il est beaucoup important de noter combien elle limite strictement la portée des prescriptions légales exceptionnelles, pour revenir en droit commun.

Ainsi restreint-elle au cas de persistance prouvée du mariage la présomption de paternité du mari de la mère (art. 312, C. civ.), et l'écarte en cas d'absence de celui-ci (4).

De même elle restreint aux actions tendant à procurer à l'enfant naturel l'ensemble des droits issus de la filiation, la prohibition de rechercher la paternité naturelle, contenue dans l'article 340 du Code civil, admettant parfaitement l'exercice de toutes autres, supposeraient-elles cette paternité, comme l'action délictuelle de la mère contre son séducteur, qui l'abandonne avec son enfant (5), ou l'action en pension alimentaire dont nous parlerons plus loin.

En matière patrimoniale, on trouve des restrictions identiques. Spécialement, les tribunaux n'appliquent pas aux valeurs cotées

(1) Planiol, *op. cit.*, 6ᵉ éd., t. II, n° 2225, p. 695.

(2) Voy. les références en note sous Req., 16 avr. 1904, S. 1905. 1. 505.

(3) Est-il plus utile d'appeler l'attention sur la jurisprudence prenant au pied de la lettre les textes dont on voudrait tirer une restriction au droit commun, par exemple celle qui décide qu'en autorisant le divorce ou la séparation pour injure grave, la loi ne prive pas le conjoint du droit à indemnité ouvert par les articles 1382 et 1383 (Toulouse, 25 janv. 1912, *Gaz. Trib. Midi*, 7 juill. 1912).

(4) Civ., 19 déc. 1905, *Gaz. Pal.*, 1907. 1. 125, S. 1905. 1. sup. 113.

(5) Rouen, 6 mai 1905, S. 1906. 2. 253, D. P. 1908. 2. 246; Dijon 27 mai 1892, S. 92. 2. 197, D. P. 93. 2. 183.

en Bourse, comme ayant un cours officiel et connu, l'article 2078 du Code civil interdisant les conventions qui donneraient au créancier le droit de s'approprier son gage sans estimation par experts nommés par le juge (1). Afin de restreindre le domaine des articles 637 et 638 du Code d'instruction criminelle, à l'égard des intérêts civils que lèse un délit criminel, la Cour de cassation écarte, au profit de la prescription trentenaire, la courte prescription qu'ils prévoient, quant aux actions civiles nées non pas seulement de faits distincts de l'acte délictueux, mais encore des faits constituant le délit, quand ils portent atteinte à un droit civil indépendamment des prohibitions de la loi pénale (2).

En procédure aussi, quoique plus rarement, triomphe l'interprétation restrictive. En voici des exemples :

Malgré les articles 195 et s. du Code de procédure civile relatant minutieusement les formes en lesquelles s'effectue et les moyens par lesquels s'opère une vérification d'écritures, les juges se reconnaissent toute liberté, soit pour l'effectuer eux-mêmes dès le début, soit pour préférer aux conclusions qui se dégagent des modes de preuve prévus par la loi celles qu'ils induiraient d'éléments quelconques de preuve plus à leur convenance (3).

Malgré les articles 214 et s. du Code de procédure civile, qui règlent soigneusement les formes et preuves en matière d'inscription de faux, les juges s'attribuent le pouvoir de déclarer fausse la pièce attaquée, sans attendre la fin de cette procédure *ad hoc*, sitôt leur conviction assise, fût-ce dès le début de l'incident (4).

Enfin, il y a quelque vingt ans, deux retentissantes décisions de la Cour suprême ont restreint l'insaisissabilité des rentes sur l'Etat, proclamée par les lois des 8 niv. an VI (art. 4) et 22 flor. an VII (art. 7), à la seule prohibition de pratiquer opposition entre les mains des agents du Trésor (5).

(1) Cass., 1er juill. 1856, S. 56. 1. 785, D. P. 56. 1. 274; Paris, 13 janv. 1854 D. P. 54. 2. 93.

(2) Civ., 13 déc. 1898, S. 99. 1. 25; 27 déc. 1897, S. 99. 1. 81.

(3) Arrêts cités par Garsonnet et Cézar-Bru, *op. cit.*, 3e éd., t. II, no 266, p. 430 et s., notes 4 et s.; 2e éd., t. II, § 801, p. 658, notes 4 et s.

(4) Arrêts cités par Garsonnet et Cézar-Bru, *op. cit.*, 3e éd., t. II, no 805, p. 668, note 11 ; 2e éd., t. II, § 270, p. 443, note 12, *Adde :* Req., 5 déc. 1906, D. P. 1908. 1. 547; — Charmont, *Examen doctrinal, Rev. crit.*, 1909, p. 513 et s.

(5) Civ., 2 juill. 1894, S. 95. 1. 5, D. P. 94. 1. 497; Req., 16 juill. 1894, S. 95. 1. 5, D. P. 94. 1. 504.

C. — L'interprétation restrictive devient plus contestable, mais plus intéressante, quand elle a pour but d'étendre le champ d'action, non point tant du droit commun que d'une disposition légale estimée plus protectrice des intérêts en cause, même si elle déroge plus ou moins aux principes généraux.

Rentre dans cet ordre d'idées la jurisprudence qui restreint aux déclarations de naissances légitimes l'indication du père et de la mère, estimant préférable socialement que les parents naturels se fassent volontairement connaître (1), ou celle qui supprime, après divorce, toute obligation alimentaire entre chacun des ex-conjoints et les parents de l'autre (2), quoique l'alliance subsiste à d'autres égards.

C'est dans une pensée protectrice pour l'enfant que la Cour supême ne permet pas de rechercher contre lui sa filiation naturelle maternelle (3).

C'est en vue de ne pas alourdir étrangement les rapports de créancier à débiteur et de faciliter les libérations, que les tribunaux déclarent la date d'une quittance opposable aux créanciers chirographaires du signataire, sans avoir besoin d'acquérir date certaine conformément à l'article 1328 du Code civil (4).

De même, en faveur du locataire, le juge n'admet pas le bailleur à se prévaloir de l'article 1733, quand il occupe lui-même une partie de l'immeuble, s'il ne prouve au préalable que l'incendie n'a pas commencé dans la portion habitée par lui (5).

SECTION II

Les actes juridiques.

Très précieux sont les résultats obtenus par la jurisprudence en invoquant l'intention des intéressés.

Le principe de l'autonomie de la volonté a pris, sous son effort, une étendue et une autorité si grandes, qu'on a quelque-

(1) Cass., 1ᵉʳ juin 1844, S. 44. 1. 670, D. P. 44. 1. 305.

(2) Orléans, 23 mars 1892, S. 92. 2. 133; Cass., 13 juill. 1891, S. 91. 1. 311. Plus stricte observatrice de la lettre des textes, la jurisprudence belge est en sens contraire : Trib. Anvers, 31 oct. 1891, S. 92. 4. 16.

(3) Cass., 23 juill. 1878, S. 79. 1. 155, D. P. 79. 1. 15.

(4) Civ., 29 oct. 1890, S. 91. 1. 305, D. P. 91. 1. 475; Baudry-Lacantinerie et Barde, *Obligations*, 3ᵉ éd., t. IV, n° 2378, p. 106 et s.

(5) Cass., 15 mars 1876, S. 76. 1. 345; 13 janv. 1903, S. 1903, 1. 72; 9 mai 1905, S. 1906. 1. 267.

fois reproché aux tribunaux, voire à la Cour de cassation, de trancher souvent des procès en fait plutôt qu'en droit. Les avocats expérimentés savent bien que le moyen le meilleur de gagner une cause neuve et complexe est de la plaider en fait.

Si la volonté n'est pas, comme d'aucuns l'ont avancé, toujours le fondement du droit, elle l'est certainement dans bien des cas pour la jurisprudence. Mais peu importe la façon dont cette volonté se manifeste : convention, testament, renonciation, acquiescement, désistement, etc. Elle utilise toute espèce d'actes juridiques, soit bilatéraux, soit unilatéraux.

Sur ce terrain, les tribunaux ne suivront guère mieux que pour l'interprétation des lois écrites, les principes doctrinaux les plus constants, notamment ceux qui interdisent au juge de modifier les conventions des parties, ou de présumer une renonciation à un droit.

Leur objectif paraît être de donner aux besoins de la pratique et au sentiment de l'équité toute satisfaction, soit qu'ils admettent la régularité d'un engagement d'une validité contestable, soit qu'ils sous-entendent des engagements d'une existence douteuse.

En jouant des actes juridiques, ils ont introduit dans notre droit privé des réformes importantes et hardies.

§ 1

Domaine des actes juridiques.

La tendance marquée de la jurisprudence est d'élargir le plus possible le domaine des actes juridiques, semblant partir de cette donnée que chacun est le meilleur protecteur de ses intérêts propres. Elle y parvient en écartant ou abaissant les barrières qui risquent de limiter l'autonomie de la volonté. Cependant des devoirs supérieurs l'obligent quelquefois à contenir cette liberté. Dans tous les cas, sa façon de comprendre cette dernière ou ses limites est loin d'être toujours la manière soit classique, soit moderne des auteurs.

I

Extension jurisprudentielle du domaine des actes juridiques.

A. — Si elle n'ose aller jusqu'à ériger absolument en principe la validité définitive des arrangements ou déclarations concernant des objets qui ne sont pas dans le commerce, elle parvient par un détour à leur donner effet juridique, en ne permettant pas de revenir sans motifs sur les décisions prises en pareille matière, quand elles ont été dictée's par des motifs raisonnables et que, d'autre part, un revirement de volonté porterait une atteinte fâcheuse aux intérêts sérieux d'autrui.

Ailleurs, nous nous sommes suffisamment étendu sur ce point, pour n'y pas revenir présentement (1).

B. — Dans le même but d'étendre l'autonomie de la volonté, la jurisprudence restreint singulièrement la notion d'ordre public, mue par un respectable sentiment d'équité ou d'utilité générale. Sauf prohibition légale spéciale, chaque fois que les bonnes mœurs n'en doivent pas souffrir elle écarte l'idée d'ordre public, souvent malgré de pressantes considérations rationnelles.

Exemple : notre régime des preuves au civil, portant très fortement l'empreinte du système dit des preuves légales, semble bien, au prime abord, fondé sur de hautes considérations d'ordre public, l'élevant bien au-dessus des conventions des parties.

Tel n'est pourtant pas, au moins depuis un bon quart de siècle, la jurisprudence dominante. Estimant archaïque un système dont la loi n'a voulu ni dans les affaires les plus graves, au grand criminel (art. 342, C. instr. crim.), ni dans les plus courantes, les matières commerciales (art. 109, C. comm.), elle a pensé que le meilleur moyen d'en adoucir la rigueur était de s'en rapporter aux intéressés eux-mêmes. Et cette idée lui apparaît comme si naturelle, qu'elle n'exige aucune convention formelle, et se contente absolument d'un accord tacite (2). L'affirmation que le système civil des preuves n'est pas d'ordre public revient fréquemment dans ses arrêts. Les conséquences qu'elle en tire sont nombreuses.

Jugé qu'il est loisible aux parties de convenir par avance de s'en rapporter, pour régler leurs comptes, aux registres tenus par l'une d'elles (3), ou encore que le juge statue valablement

____

(1) *Des droits de la personnalité, Rev. trim. dr. civ.*, 1909, p. 517 et s. *Le droit au nom en matière civile*, p. 156 et s.

(2) Bordeaux, 14 févr. 1900, S. 1900. 2. 190; Trib. Seine, 8 déc; 1884, J. la Loi, 23 nov. 1885.

(3) Req., 20 mars 1876, S. 77. 1. 338.

d'après des renseignements personnellement recueillis par lui, avec l'assentiment des plaideurs (1).

De même, l'ordre public, exigeant que les biens circulent librement, n'entraîne-t-il pas la nullité de toute stipulation apportant des entraves à cette liberté? Cependant une jurisprudence bien connue admet la parfaite régularité des clauses restreignant, pour des motifs raisonnables et pour une brève durée, la circulation des biens donnés ou légués, soit en prohibant toute aliénation, soit en assujettissant l'aliénation à certaines conditions de validité (2).

En étudiant de près l'évolution jurisprudentielle en matière de servitudes réelles, au xixe siècle, on s'apercevrait vite que les tribunaux, se relâchant de leur primitive rigueur, admettent comme telles des charges d'abord condamnées comme contraires à l'ordre public.

Avant la loi du 23 mars 1855 (art. 9), la validité de la subrogation à l'hypothèque légale de la femme, contestable comme restreignant la protection légale d'un incapable, n'était-elle pas cependant reconnue par une jurisprudence constante?

C. — Poursuivant toujours son objectif, la jurisprudence restreint la portée des textes limitant l'autonomie de la volonté.

Afin de ne pas entraver la capitalisation au moyen de l'assurance sur la vie, depuis tantôt cent ans elle interprète l'ordonnance de la marine, d'août 1681 (liv. 3, titre 6, art. 10) défendant « de faire aucune assurance sur la vie des personnes », qui n'a jamais été abrogé, comme prohibant seulement les jeux et paris proprement dits sur la vie humaine (3).

Quoique la loi des 2-17 mars 1791 proclame sans réserve la liberté du travail, une jurisprudence fréquemment appliquée dans les ventes de fonds de commerce, ou les engagements d'ouvriers initiés aux secrets d'une fabrique, l'interprète comme prohibant les seules conventions qui interdiraient absolument à une personne tel genre de travail, mais non celles qui se bornent à lui enlever la faculté de s'y livrer soit pendant un temps, soit dans un lieu déterminé.

La jurisprudence concernant les lois du 8 nov. an VI (art. 4)

(1) Req., 13 déc. 1911, S. 1912. 1. sup. 19.

(2) Voy. le résumé de cette jurisprudence dans Planiol, *op. cit.*, 6ᵉ éd., t. I, nᵒˢ 2343 et s., p. 730 et s.; t. III, nᵒˢ 3042 et s.

(3) Troplong, *Des contrats aléatoires*, nᵒˢ 153 et s., p. 331 et s.; Grün et Jolliat, *Tr. ass. terr.* (1828), p. 414 et s.

et du 22 flor. an VII (art. 7), plus haut rappelée au sujet de l'insaisissabilité des rentes sur l'État, trouve son point de départ en de nombreux arrêts l'interprétant comme n'empêchant pas leur dation en gage (1), ni l'autorisation donnée d'avance par le débiteur au créancier gagiste soit de les faire vendre, soit d'en réclamer le transfert à son nom, faute de paiement à l'échéance (2.

Dans l'interprétation des textes du Code civil nous rencontrons souvent les mêmes tendances.

Ainsi la prohibition de rechercher la paternité naturelle n'est pas regardée par les juges comme empêchant le père de s'engager, sans reconnaître l'enfant, à pourvoir à ses besoins (art. 340); celle des substitutions n'empêche pas les doubles legs conditionnels (art. 896); celle des pactes sur succession future (art. 791, 1130 et 1600) n'empêche pas la stipulation des contrats de mariage dite « promesse d'égalité », considérée, *benignitatis causa,* comme une institution contractuelle implicite.

La plus célèbre interprétation restrictive d'une prohibition légale, en vue d'assurer l'autonomie de la volonté, c'est évidemment la théorie prétorienne de la cause impulsive dans les libéralités, formée sous l'article 900, depuis un demi-siècle.

En procédure, nous trouverions des exemples analogues : si l'article 742 du Code de procédure civile prohibe la clause de voie parée, comme l'article 2078 du Code civil le pacte commissoire, dès longtemps, les prenant au pied de la lettre, les tribunaux valident toute convention par laquelle un débiteur donne à son créancier mandat de vendre, ou même lui vend conditionnellement pour le cas où il ne le paierait pas à l'échéance, pourvu seulement, quant aux immeubles, que cette convention soit postérieure à l'exigibilité de la dette (3), et quant aux meubles donnés en nantissement, qu'elle soit postérieure à la constitution du gage (4).

D. — Un autre moyen prétorien, non moins ingénieux, d'assurer la liberté des actes juridiques est d'envisager comme inter-

---

(1) Paris, 13 janv. 1854, S. 54. 2. 209, D. P. 54. 2. 93; 26 janv. 1891, S. 94. 2. 93, D. P. 94. 2. 215 ; 20 nov. 1895, D. P. 96. 2. 444.

(2) Conseil d'État, 6 août 1878, S. 79. 2. 25.

(3) Bordeaux, 27 mai 1835, D. P. 86. 2. 263; Orléans, 31 juill. 1883, D. P. 85. 2. 20.

(4) Req., 21 mai 1855, D. P. 55. 1. 259; 22 mai 1855, D. P. 56. 1. 171.

prétatifs de volonté des textes réglementaires, très probablement impératifs dans l'intention première de leur auteur.

Ainsi en est-il advenu des articles 1025 et s. du Code civil, sur les exécuteurs testamentaires, complètement tournés aujourd'hui grâce à la validité du legs universel, reconnue même s'il ne procure aucun émolument effectif.

Les formes de procédure n'ont pas trouvé grâce devant cet esprit libéral. Chaque fois, pourrait-on dire à la rigueur, qu'elles ont pour objet, non point d'éclairer la religion du juge, mais d'assurer la protection des prétentions des plaideurs, la jurisprudence permet soit aux deux parties de s'en dispenser d'un commun accord, soit au plaideur, en faveur de qui elles existent, de renoncer à en exiger l'observation.

Ainsi jugé pour les formes de l'appel (1), ou pour la signification des conclusions (2). Le consentement couvre l'absence de signature de l'huissier sur l'ajournement (3), ou de l'avoué dans l'acte de constitution (4).

Les règles de compétence risquent fort de subir un sort identique, si l'on en juge par le nombre des conventions prorogatoires de juridiction successivement proclamées valables par la jurisprudence en dépit des protestations de la doctrine (5).

Au reste, notons que le législateur a plusieurs fois encouragé les juges à persévérer dans cette voie; car certaines lois spéciales sont venues confirmer des interprétations jurisprudentielles de cette nature. Ainsi la loi du 6 avr. 1910, modifiant l'article 389, § 1, du Code civil, ratifie la jurisprudence antérieure permettant de donner ou léguer des biens à un enfant, sous condition que son père n'en aurait pas l'administration légale, quoique ce fût une dérogation au système légal de la protection des incapables (6).

E. — *A fortiori*, la jurisprudence écarte-t-elle, si elle n'est imposée par les plus impérieuses considérations, toute assimilation d'hypothèses non prévues à d'autres visées par la loi, quand

______

(1) Douai, 13 mars 1902, S. 1910. 2. 87 (*ad notam*); Toulouse, 26 mai 1909, S. 1910. 2. 87.
(2) Cass., 15 janv. 1901, S. 1905. 1. 518.
(3) Civ., 31 janv. 1912, S. 1912. 1. sup. 53.
(4) Paris, 11 juin 1910, S. 1912. 2. 139.
(5) Voy. un saisissant exposé de ces conventions par M. A. Tissier, *La prorogation volontaire de juridiction, Rec. pér. proc.*, 1909, p. 5 et s.
(6) Cass., 3 juin 1872, S. 72. 1. 272, D. P. 72. 1. 241.

elle aurait pour conséquence de restreindre l'autonomie de la volonté.

Après discussion, elle a fini par refuser d'étendre aux ascendants naturels les dispositions légales au profit d'ascendants légitimes sur la réserve (1), ou sur le retour légal (2).

De même elle n'étend l'article 1975, annulant la constitution de rente viagère sur la tête d'une personne atteinte d'une maladie dont elle est décédée dans les vingt jours, ni à la constitution de rente sur plusieurs têtes réversible pour le tout sur celle des survivants jusqu'au dernier, quand un seul crédi-rentier est décédé dans les vingt jours (3), ni à la donation avec charge de rente viagère (4), ni au bail à nourriture (5).

F. — Enfin, lorsque la loi demande l'emploi de formes solennelles pour la validité d'un engagement, la jurisprudence invente mille moyens habiles d'en affranchir la volonté des intéressés. La question s'est présentée surtout pour les libéralités.

Si les donations entre vifs doivent, en thèse générale, être faites par acte notarié, le principe disparaît presque sous les exceptions prétoriennes : dons manuels, donations déguisées, donations indirectes, sans compter les oblations pour messes assimilées à des honoraires, ni les offres de concours à des travaux publics validées comme acte unilatéral.

L'un des procédés les plus originaux de la jurisprudence, pour dispenser de solennités les libéralités entre-vifs ou à cause de mort, consiste à sous-entendre une obligation naturelle entre les parties. Elle en a usé spécialement dans quatre cas :

La promesse de dot, au moins quand elle émane d'un ascendant (6);

---

(1) Ch. réun., 12 déc. 1865, S. 66. 1. 73, D. P. 65. 1. 457. La Cour y avait d'autant plus de mérite que, dans une pensée de haute morale, elle étendait aux enfants naturels, sauf la quotité, les prescriptions légales sur la réserve des enfants légitimes, jurisprudence confirmée par la loi du 25 mars 1896 (art. 913).

(2) Paris, 27 nov. 1845, S. 46. 2. 196, D. P. 45. 2. 180.

(3) Cass., 14 nov. 1904, S. 1905. 1. 5, note M. Lyon-Caen; D. P. 1905. 1. 89, note de M. Planiol.

(4) Cass., 17 févr. 1904, S. 1904. 1. 335, D. P. 1904. 1. 526; 10 juill. 1855, S. 56. 1. 262.

(5) Rennes, 21 mai 1883, S. 85. 2. 184, D. P. 84. 2. 130; Trib. Bar-le-Duc, 6 juill. 1887, *Gaz. Pal.*, 87. 2. 261; Bordeaux, 13 août 1862, *J. Bordeaux*, 1862, p. 507; Voy. cep., Bordeaux, 9 oct. 1911, *Gaz. Pal.*, 28 oct. 1911.

(6) Caen, 21 mars 1900 (sol. implic.), *Gaz. Pal.*, 5 mai 1900; Cass., 10 déc. 1842, S. 43. 1. 335, D. P. 42. 1. 88. Voy. cep. Montpellier, 16 déc. 1901,

L'engagement pris par le père de subvenir aux besoins de son enfant naturel (1), fût-il adultérin (2);

Les dispositions alimentaires au profit du conjoint survivant (3), ou même de la concubine en cas de rupture (4);

La reconnaissance par l'héritier ou légataire universel d'un legs verbal par le défunt (5).

II

Restrictions jurisprudentielles au domaine des actes juridiques.

En sens inverse, parfois l'ordre public, les bonnes mœurs ou l'équité poussent le juge à restreindre le domaine des actes juridiques.

A. — On connaît assez le parti que tire la jurisprudence de la théorie de la cause illicite pour annuler des actes juridiques, spécialement — au grand dam de la doctrine — les dons et legs. Elle estime que l'ordre public et les bonnes mœurs commandent cette sévérité.

L'article 6 du Code civil est un autre cheval de bataille de la

S. 1905. 2. 185 note de M. Hémard. La jurisprudence belge admet l'obligation naturelle de doter non seulement à la charge des ascendants (Trib. Bruxelles, 24 juin 1903, *Pasicrisie belge*, 1904. 3. 10 et renvois), mais des collatéraux rapprochés (Bruxelles, 26 oct. 1904, *Ibid.*, 1905. 2. 181).

(1) Cass., 3 avr. 1882, S. 82. 1. 404; Chambéry, 17 mars 1908, S. 1909. 2. 309.

(2) Paris, 18 févr. 1910, S. 1910. 2. 220; Limoges, 23 avr. 1901, *Gaz. Pal.*, 1901. 2. 323.

(3) Trib. Seine, 4 mars 1902, et Bordeaux, 2 févr. 1885, D. P. 1903. 2. 13.

(4) Rennes, 7 mars 1904, S. 1907. 2. 241 note de M. Hémard.

(5) Cass., 10 janv. 1905, S. 1905. 1. 128. Voy. sur ce point les observations de M. Charmont, *Rev. crit.*, 1906, p. 330. Il y a pourtant une différence entre l'obligation née du legs verbal, formée par la volonté de l'héritier, véritable auteur de la disposition, et l'obligation imposée comme charge dans un testament, que l'héritier se borne à exécuter, même s'il doit, pour ce faire, passer des actes juridiques. Dans le premier cas, il est réputé l'auteur de la libéralité au sens des lois des 9 déc. 1905 (art. 9) et 13 avr. 1908 (Caen, 3 mars 1909, *Rev. org. et déf. rel.*, 1910, p. 119; Bourges, 22 févr. 1910, *Ibid.*, 1910, p. 317), non dans le second (Req., 7 nov. 1910, S. 1911. 1. 80). — Puisque nous parlons d'obligation naturelle, notons au passage que la jurisprudence joue de cette notion pour atténuer mainte rigueur du droit (Obligation naturelle du prodigue née de la numération des deniers : Cass., 9 mars 1896, S. 97. 1. 225, note de M. Esmein. Cf. A. Vigié, *Exam. doctrinal. Jurispr. civile, Rev. crit.*, févr. 1900. La livraison par acquit de conscience à une congrégation non autorisée ne donne pas droit à répétition : Lyon, 16 déc. 1901, J. *La Loi* 10 janv. 1902).

même espèce. Les tribunaux se montrent ombrageux sur le chapitre, sinon de l'ordre public proprement dit, comme nous l'observions plus haut, du moins des bonnes mœurs. Malgré les violentes récriminations d'une grande partie de la doctrine, il ne permet pas de s'affranchir par convention de la responsabilité de ses fautes même légères [1], ni de celles de ses préposés [2], sauf une exception toute spéciale à celles du capitaine [3] ; et cette solution a été confirmée, en matière de transports terrestres, où elle était fréquente, par la loi du 17 mars 1905.

C'est, tout au plus si, depuis quarante ans, elle permet de renverser, par convention, la charge de la preuve [4].

Mieux encore : la Cour de cassation ne permet pas de tourner, par des stipulations en elles-mêmes valables, les prohibitions légales qu'elle estime engager les bonnes mœurs. Naguère on l'a bien vu, lorsqu'elle refusa de voir une donation éventuelle au conjoint survivant dans la libéralité par contrat de mariage faite par un ascendant, avec stipulation que son droit de retour successoral ne mettrait pas obstacle à l'usufruit légal du conjoint du donataire, s'il lui survivait, et qu'elle condamna cette clause comme pacte sur succession future [5].

B. — Lorsque l'équité réclame un retour au droit commun, les tribunaux limitent la portée des stipulations contractuelles, ou refusent d'étendre aux cas non prévus formellement par elles les solutions convenues pour certains autres.

Il y a quelques années s'éleva sur ce point une discussion retentissante, au sujet de la restitution des dots moniales constituées aux religieuses des congrégations dissoutes. D'après les règles traditionnelles de ce très vieux contrat, la communauté gardait la dot définitivement au décès de la congréganiste, seule cause de dissolution du contrat que l'on prévoyait autrefois. Si l'on étendait par analogie cette solution au cas où le contrat prenait fin par dissolution de la congrégation, l'équité risquait d'en souffrir, car la congréganiste perdant sa dot était exposée

---

[1] *Clauses de non-garantie, assurance des fautes et clauses pénales,* Rev. crit., 1901, p. 485 et s.

[2] Req., 27 nov. 1911, S. 1912. 1. sup. 4 ; Civ., 31 déc. 1900, S. 1901. 1. 401 et la note.

[3] Cass., 9 mai 1905, S. 1908. 1. 90.

[4] Cass. 4 févr. 1874, S. 74. 1. 273 ; jurisprudence constante.

[5] Ch. réun., 2 juill. 1903, S. 1904. 1. 65, D. P. 1903. 1. 353 ; Civ., 24 juill. 1901, S. 1901. 1. 433, note de M. Lyon-Caen, D. P. 1901. 1. 337 ; Amiens, 6 mars 1902, D. P. 1902. 2. 112.

à manquer de ressource. En conséquence, à cette extension par analogie, la jurisprudence préféra le retour au droit commun de l'article 1184 du Code civil (1).

De même, pour satisfaire à l'équité, attribue-t-elle à certains contrats, par voie d'interprétation, une physionomie qu'au nom de la logique rigoureuse répudie la doctrine. Ainsi, pour pouvoir réduire, conformément à ses principes du mandat, les honoraires d'un généalogiste, voit-elle dans le contrat qu'il passe avec ses clients un mandat plutôt qu'un louage de services. Pour protéger le mari de bonne foi contre l'exercice de l'action Paulienne par les créanciers du constituant, elle fait de la constitution de dot un contrat à titre onéreux.

C. — Enfin, lorsqu'un engagement doit priver une personne d'un avantage que la loi lui assure, les tribunaux exigent que sa volonté de le conclure soit, sinon expresse, tout au moins formelle. Elle respecte ici la maxime *nemo censetur juri suo renuntiare.*

Il en est ainsi notamment des clauses d'une convention qui enlèverait à l'un des contractants le bénéfice de l'un des effets légalement attachés au contrat, ces clauses fussent-elles habituellement insérées dans des conventions de ce genre (2).

La Cour suprême pouse dans cette voie plus avant que les autres juridictions (3). Ainsi, alors que de nombreuses décisions de première instance ou d'appel sous-entendaient un engagement personnel d'une femme mariée au paiement des honoraires de son médecin, pour les soins qu'elle en a reçus (4), la Cour suprême juge qu'à défaut d'engagement formel, et si l'on ne prouve l'insolvabilité du mari, la femme, fût-elle séparée de biens, n'est pas obligée personnellement au paiement de ces honoraires, exclusivement à la charge du mari, comme toutes ses autres dépenses d'entretien, en vertu des effets légaux du mariage (5).

(1) *Rev. crit.*, 1906, p. 580 et s.

(2) Cass., 26 mai 1868, S. 69. 1. 33; 30 déc. 1879, S. 80. 1. 199; 27 déc. 1886, S. 87. 1. 204; 2 mars 1909, S. 1909. 1. 384.

(3) Comparez en effet l'arrêt précité de Cass., 27 déc. 1886, avec l'arrêt de la Cour de la Martinique attaqué, et le jugement du Trib. Seine, 15 févr. 1911, *Semaine médicale*, 23 août 1911, annexe CXXXIV; comparez aussi : Civ., 27 janv. 1858, D. P. 58. 1. 66 avec le jugement cassé.

(4) Voy. les décisions citées par nous : *Eléments de jurisprudence médicale*, p. 219, note 2.

(5) Req., 3 juill. 1907, S. 1909. 1. 543.

§ 2

Conditions de formation et de preuve.

Sous les réserves précédentes, les juges utilisent constamment les actes juridiques pour la solution des rapports de droit. C'est pourquoi ils en admettent très facilement la formation et la preuve, spécialement celles des contrats.

I

Conditions de formation.

A. — Il est un premier groupe intéressant d'hypothèses, où l'une des parties, après avoir rédigé le projet de contrat sans le concours de l'autre, lui demande d'y consentir en bloc. Ce sont les contrats d'adhésion, qui se multiplient chaque jour : tarifs des chemins de fer, cahiers des charges des adjudications, règlements d'ateliers, pancartes appendues dans les chambres d'hôtel, stipulations imprimées sur les billets de tranports maritimes, etc. (1).

Les difficultés qu'ils soulèvent s'aplanissent en présence d'un consentement formel, donné en connaissance de cause. Mais un tel consentement n'est pas habituel. D'ordinaire, non seulement l'adhésion est donnée les yeux fermés, mais de plus elle est incertaine. Or, dans la vie moderne, ces lois privées suppléent aux lacunes, ou corrigent l'archaïsme des lois écrites. Si donc l'on ne rencontre adhésion suffisante des intéressés, les relations sociales seront peut-être profondément troublées. Il ne faut pas s'étonner, par conséquent, si les juges, très coulants sur ce point, admettent facilement qu'il y a tacitement adhésion complète.

D'après eux, l'acceptation d'un billet de passage sur un bateau vaut acceptation de toutes les clauses qui se trouvent inscrites même au dos de ce billet (2), même sur un livret distinct, remis au voyageur en même temps, si le billet y renvoie (3). En travaillant dans une usine, dont le règlement est ostensiblement affiché, les ouvriers en acceptent toutes les stipulations (4), même s'ils ne

----

(1) Demogue, *Les notions fondamentales du droit privé*, p. 573 et s.

(2) Cass., 21 nov. 1911, S. 1912. 1. 73, note de M. Lyon-Caen ; 13 mars 1909, 11 févr. 1908 et 8 mai 1907, S. 1909. 1. 486.

(3) Cass., 11 févr. 1908, précité.

(4) Civ., 7 mars 1911, S. 1911. 1. 252 ; 27 mai 1908, S. 1908. 1. 241 ; 9 déc. 1907, S. 1908. 1. 503 ; 15 janv. 1906, S. 1906. 1. 278.

l'ont connue qu'après embauchage, car, le louage de service pour durée indéterminée étant résiliable *ad nutum* par la volonté unilatérale de chaque partie, l'ouvrier qui demeure adhère au règlement (1). En s'approvisionnant chez un fabricant de produits pharmaceutiques marqués d'une étiquette qui défend de les détailler au-dessous d'un prix déterminé, un pharmacien accepte implicitement cette obligation (2).

Par cela seul que l'intéressé pouvait aisément prendre connaissance des clauses proposées à son acceptation, et qu'il n'a pas immédiatement protesté contre elles, il est censé y avoir adhéré. Son consentement ne sera réputé faire défaut que lorsqu'il n'avait, au moment du contrat — ou de son renouvellement — aucun moyen de connaître la clause ou convention proposée. Ainsi le consentement du client manque lorsqu'un boulanger invoque une affiche apposée dans sa boutique depuis le marché passé avec lui, et s'il le sert à domicile (3); celui du chargeur manque, lorsque le connaissement porte la seule signature du transporteur, qui l'a signé au nom du chargeur, sans le présenter à un représentant quelconque de celui-ci (4); celui du voyageur manque, lorsqu'une pancarte invoquée contre lui n'étant apposée que dans des chambres, il n'a pu la connaître qu'une fois le contrat parachevé (5).

B. — Quand la déclaration de volonté d'une personne en faveur d'une autre est tout au profit de celle-ci, les juges n'exigent pas l'acceptation même tacite de cette dernière pour lui assurer l'avantage offert. Ils y voient donc un acte unilatéral, dans bien des hypothèses où, d'après la doctrine, il y aurait contrat.

La renonciation par le créancier à son hypothèque est définitive par elle-même, et ne peut être rétractée par lui, dès avant l'acceptation de ceux qui en profitent, débiteur et détenteur de l'immeuble (6).

Bien que, d'après l'article 403 du Code de procédure civile, le

(1) Civ., 28 mai 1910, S. 1910. 1. 340.
(2) Liège, 31 oct. 1908, D. P. 1910. 2. 54.
(3) Trib. Seine, 24 mai 1911, S. 1912. 2. 93.
(4) Cass., 2 mars 1909, S. 1909. 1. 384; Req., 8 mai 1912 (admission), *Gaz. Trib.*, 12 mai.
(5) Aix, 26 oct. 1899, D. P. 1901. 2. 303; Rouen, 18 juill. 1889, *ibid.* (*ad notam*); Trib. Seine, 16 févr. 1905, D. P. 1905. 5. 43.
(6) Orléans, 8 août 1889, D. P. 92. 1. 221 et 29 nov. 1889, S. 91. 2. 95, D. P. 90. 2. 153.

désistement suppose toujours, semble-t-il, acceptation de l'adversaire, la jurisprudence lui donne effet de plein droit, s'il intervient avant la liaison d'instance par échange de conclusions (1), ou lorsque l'adversaire empêche par son fait de lier l'instance en réparant la faute commise, par exemple quand il oppose l'incompétence du tribunal où il est cité par erreur (2). En outre, les tribunaux se reconnaissent le droit de tenir l'acceptation pour donnée, quand elle est refusée sans raison sérieuse (3).

Enfin, si l'article 1121 du Code civil ne rend irrévocable le bénéfice de la stipulation pour autrui qu'après l'acceptation du bénéficiaire, une jurisprudence fameuse, particulièrement en matière d'assurances sur la vie, déclare immédiatement passé sur sa tête le droit formé à son profit (4).

II

Conditions de preuve.

Le travail réformateur des tribunaux, en tablant sur l'autonomie de la volonté, devient particulièrement intéressant lorsqu'il se poursuit sourdement, en sous-entendant, par voie d'interprétation, un engagement implicite, dans les faits et gestes d'un plaideur. Il devient particulièrement productif lorsqu'une interprétation constamment identique des mêmes faits forme une jurisprudence suivie, dont l'autorité, s'imposant pratiquement au juge, élève lentement l'édifice d'un droit nouveau.

A. — Quelquefois les tribunaux sous-entendent des conventions tout entières. Il en est qui reviennent sans cesse dans leurs arrêts.

1° Au premier rang vient le mandat, contrat facilement sous-entendu pour donner le pouvoir de représenter une personne à une autre qui lui est unie par une communauté d'intérêts, ou qui lui offre des garanties professionnelles.

Inutile d'insister sur la jurisprudence plus que séculaire, puisqu'elle remonte à notre ancien droit, sur le mandat tacite de la femme pour les besoins du ménage, ni sur le mandat tacite du

(1) Paris, 23 juin 1898, S. 1900. 2. 41; Trib. Seine, 16 déc. 1886, D. P. 91. 3. 8.

(2) Pau, 17 juin 1885, D. P. 86. 2. 253; Civ., 5 août 1844, J. G. v° *Désistement*, n° 109.

(3) Garsonnet et Cézar-Bru, *op. cit.*, 2° éd., t. VI, § 2509, p. 685, notes 3 et s.

(4) Cass., 27 févr. 1884, S. 86. 1. 422; jurisprudence constante.

mari, presque aussi ancien (art. 1539 et 1578, C. civ.), pour administrer les propres de la femme séparée, ou les paraphernaux de la femme dotale, ni de celui des cocréanciers ou codébiteurs solidaires. Ce sont questions classiques.

Plus neuf est celui du copropriétaire, surtout du copropriétaire d'immeuble. La jurisprudence en joue habilement, surtout depuis quelques années, pour porter remède à la stagnation résultant de la copropriété.

Chacun des copropriétaires, d'après les arrêts les plus récents, a toujours mandat tacite des autres pour faire sur l'immeuble indivis tous les changements utiles à l'intérêt commun, par exemple, établir une grille en bordure d'une rue privée commune (1). De là résultera notamment que l'entrepreneur des travaux commandés par l'un d'entre eux, dans l'intérêt commun, aurait action contre les autres (2).

En outre, d'après des arrêts plus récents encore, ce mandat peut être sous-entendu pour des travaux effectués par l'un d'eux exclusivement dans son intérêt propre. Il faut alors, mais il suffit qu'il les ait pratiqués au vu et su des autres copropriétaires sans protestation de leur part. Ainsi jugé qu'un copropriétaire a mandat tacite pour établir, à travers l'immeuble commun, en creusant un tunnel et une tranchée, un chemin de fer reliant ses usines à une rivière, par cela seul que, l'ayant construit sous leurs yeux, ils ne s'y sont pas opposés (3).

Passons aux mandats présumés à raison de la profession du mandataire. Il en est bien des cas ; voici les plus pratiques.

Conseillers des familles, les notaires reçoivent tacitement mainte mission dans l'intérêt de leur client. Comme rédacteurs d'actes, ou comme intermédiaires des parties, ils sont fréquemment investis implicitement d'un mandat. Il est à cet égard des hypothèses classiques. Généralement on admet que l'insertion dans l'acte d'une clause stipulant capital et intérêts payables en l'étude, entraîne mandat pour le notaire de recevoir les fonds (4). Négocier un prêt hypothécaire entre personnes qui ne se connaissent pas, comporte mandat de vérifier la valeur du gage (5). Conserver, avec le consentement du client, la grosse

(1) Cass., 8 févr. 1897, S. 97. 1. 279.
(2) Bordeaux, 7 août 1900, D. P. 1902. 2. 375.
(3) Cass., 21 nov. 1898, S. 99. 1. 334.
(4) Bourges, 24 juill. 1899, S. 99. 2. 298 et la note.
(5) Req., 7 juin 1910, S. 1911. 1. 94.

constatant un prêt hypothécaire, vaut mandat de prendre et renouveler inscription (1).

Quand, par profession, une personne représente juridiquement ses clients, devant la justice par exemple, au cas de transmission de sa charge, on présume aisément un mandat au profit du successeur.

La question ne se pose guère pour les avoués, investis de leurs pouvoirs par des actes solennels. Elle s'est, au contraire, posée pour les agréés tout récemment. Il est d'usage, dans la procuration remise à l'agréé, de lui donner pouvoir de se substituer un tiers. En vertu de cette clause, la substitution n'aurait-elle pas eu lieu par déclaration expresse, lorsque le client continue avec le successeur les relations d'affaires commencées avec son prédécesseur, le nouvel agréé sera censé investi du mandat de représenter les clients de son prédécesseur (2).

Il n'en est pas tout à fait de même des notaires, qui n'ont pas, à proprement parler, pour fonction de représenter leurs clients, et ne s'en chargent que bénévolement. Aussi, pour considérer le successeur comme investi du même mandat que son prédécesseur, la jurisprudence exige qu'il ait pris à son tour une part personnelle aux affaires de leur commun client. Notamment, le mandat de renouveler l'inscription hypothécaire, dont était tenu le notaire rédacteur de l'acte d'emprunt, ne passe à son successeur que lorsque celui-ci reçoit un acte prorogeant le délai de remboursement (3), et non s'il reçoit un acte de nouveau prêt (4).

Enfin, il est des personnes dont la tâche consiste à aider leur maître ou patron dans tous les actes de ses fonctions. C'est pourquoi on les présume mandataires de celui-ci quand il est absent ou empêché. Ainsi les premiers clercs sont-ils considérés comme les mandataires tacites des notaires, leurs patrons, pour toute affaire concernant directement l'exercice des fonctions de ceux-ci (5).

---

(1) Cass., 8 et 9 juill. 1895, S. 97. 1. 133, et 29 janv. 1906 (*sol. impl.*). S. 1911. 1. 94. En revanche, pareille obligation n'est pas considérée comme imposée au notaire par la stipulation du paiement des deniers en l'étude : Bourges, 24 juill. 1899 précité.

(2) Douai, 21 nov. 1911, S. 1911. 2. 41 ; Req., 18 déc. 1911, S. 1912. 1. 187.

(3) Trib. Beaume, 13 nov. 1897, S. 99. 2. 237.

(4) Cass. 29 janv. 1906, précité.

(5) Dijon, 22 nov. 1895, S. 97. 2. 204 et les renvois.

2º Le concours que donne à l'aliénation d'un bien, spécialement d'un immeuble, une personne ayant sur lui un droit réel (usufruit, hypothèque, etc.), est communément envisagé comme entraînant cession de son droit à l'acquéreur.

Cette interprétation a été confirmée dans un cas particulier par la loi du 13 févr. 1889, complétant l'article 9 de la loi du 23 mars 1855, en exigeant toutefois, pour la renonciation à l'hypothèque légale de la femme au profit de l'acquéreur, qu'elle ait stipulé comme co-venderesse, garante ou caution de son mari vendeur.

3° L'obligation de payer les salaires ou honoraires d'une personne est tacitement contractée, par cela seul qu'on en requiert le ministère.

Il a été décidé en conséquence qu'un notaire a une action solidaire en paiement de ses droits contre toutes les parties aux actes par lui rédigés [1]; qu'un expert commis par justice a de même, en principe, un recours solidaire contre le plaideur ayant demandé l'expertise, et celui qui l'a poursuivie, ou s'est prêté aux opérations de l'expertise [2]; enfin qu'un médecin a le droit de réclamer ses honoraires à la personne l'ayant fait appeler, même dans l'intérêt d'autrui, si les circonstances de fait n'attestent pas chez elle intention d'agir seulement comme le mandataire du malade [3].

B. — Si des conventions tout entières sont ainsi sous-entendues, à plus forte raison admettra-t-on les stipulations tacites s'adjoignant à une convention principale qu'elles interviennent au jour de sa conclusion, ou postérieurement seulement.

En cas de donations entre fiancés, on sous-entend la condition « *si nuptiæ sequantur* », quand il s'agit d'objets durables et susceptibles d'être utilisés pendant la vie commune. C'est pourquoi les bijoux offerts par le futur à sa fiancée doivent être restitués en cas de rupture [4].

Quoique la subrogation ne soit pas une cession de créance, quand elle est volontaire et qu'elle émane du créancier on sous-

---

(1) Cass., 30 janv. 1889, S. 89. 1. 433; 23 et 29 oct. 1889, S. 89. 1. 472; 17 juin 1890, S. 90. 1. 416.

(2) Req., 6 mai 1905, S. 1910. 1. 66, D. P. 1905. 1, 431; Trib. Seine, 30 déc. 1903, *Pas. belge,* 1904. 4. 113.

(3) Cass., 6 déc. 1872, S. 72. 1. 430 et les arrêts cités par nous, *Eléments de jurisprudence médicale,* p. 213, notes 4 et s.

(4) Paris, 26 juin 1894, S. 94. 2. 264.

entend une clause l'obligeant à garantir l'existence de la créance (1).

Dans les actes de fondation, l'on sous-entend qu'au cas de révocation, le fondateur ou ses héritiers reprendront, par l'effet d'une subrogation réelle, les biens acquis au lieu et place des biens donnés (2).

Lorsque, dans une profession industrielle ou commerciale, les clients donnent à certains ouvriers ou employés, des camionneurs par exemple, des gratifications, en vertu d'un usage tellement constant qu'on embauche ces ouvriers ou employés pour des salaires inférieurs à ceux des travailleurs similaires sans rapports avec le public, les arrêts présument que, dans l'intention des contractants, ces gratifications font partie intégrante des salaires, et doivent entrer en ligne de compte pour le calcul des rentes en cas d'accident du travail (3).

Des faits postérieurs au contrat, les juges induisent à l'occasion des modifications conventionnelles tacites de celui-ci. Témoin la jurisprudence de cassation sur la transformation, par la présentation des quittances au domicile de l'assuré, en prime quérable de la prime stipulée portable dans la police (4), jurisprudence qui contraignit les Compagnies d'assurances à insérer dans leurs polices une renonciation anticipée à la faculté d'invoquer cette transformation.

Jugé de même qu'en acceptant, plusieurs années de suite, le paiement de la prime par le tiers bénéficiaire, une Compagnie d'Assurance-Vie s'oblige implicitement à l'accepter toujours (5).

C. — Puisqu'on sous-entend si couramment des conventions entre plusieurs personnes, combien plus facilement on induira des faits et gestes d'une seule des déclarations unilatérales de volonté produisant conséquences juridiques. Toute la procédure civile est pleine de renonciations tacites, qui ont bouleversé

---

(1) Riom, 17 janv. 1889, D. P. 91. 1. 313. Anciennement on étendait ici l'article 1693 par analogie : Cass., 4 févr. 1846, S. 46. 1. 97, D. P. 46. 1. 49.

(2) Dijon, 30 juin 1893, S. 94. 2. 185 note Saleilles; Civ., 29 avr. 1901, S. 1903. 1. 321, note Saleilles; Cf. *Examen doctrinal, Jurisprudence civile, Rev. trib.*, 1904, p. 80 et s.

(3) Cass., 21 déc. 1909, S. 1911. 1. 359 et 31 mai 1910, S. 1911. 1. 85.

(4) Cass , 20 déc. 1887, S. 88. 1. 56 et les renvois aux arrêts antérieurs. Cf. sur la perte du droit d'invoquer cette renonciation : Civ. 19 oct. 1904, *Gaz. Pal.*, 1904. 2. 414; et sur la perte du droit d'invoquer une clause exigeant une déclaration écrite du sinistre: Req. 9 déc. 1903, S. 1904. 1. 387.

(5) Req. 3 juill. 1911, S. 1911. 1. sup. 115.

littéralement l'entière économie de notre code un peu vieilli.

Notamment, l'on couvre les nullités non seulement en plaidant au fond, mais tout simplement en continuant la procédure, fût-ce au moyen de ses actes insignifiants, dénués de toute utilité pratique, accomplis au Palais comme un rite, pour ne pas dire par routine.

En conséquence, un plaideur n'est plus admis à se prévaloir d'un vice de forme commis par son adversaire, quand, après en avoir eu connaissance, il l'a sommé de lui communiquer des pièces (1).

§ 3

Autorité des actes juridiques pour la rénovation du droit.

Si l'appel fait aux actes juridiques, exprimés ou sous-entendus, n'est peut-être pas le procédé prétorien le plus employé pour la réformation du droit, c'est en tout cas le plus énergique, et sa force réformatrice est supérieure à celle des procédés de technique prétorienne plus fréquemment mis en œuvre, comme l'usage ou l'analogie.

A. — D'une part, ils ont plus d'énergie que d'usage.

D'abord, tandis que la jurisprudence très soigneusement s'abstient d'invoquer l'usage, pour mettre à la charge d'une personne une obligation pécuniaire ne se rattachant à aucun rapport juridique antérieur, jamais au contraire elle n'hésite à s'appuyer, dans ce but, sur la volonté même présumée des parties ; témoin les nombreuses et lourdes obligations à la charge des notaires, par exemple, comme mandataires tacites de leurs clients.

Bien plus, alors qu'elle dénie aux usages la force d'enlever à l'un des contractants les droits qu'il tient de la loi, une volonté même tacitement manifestée déroge certainement aux prescriptions légales. Exemple : la nature des cadeaux entre fiancés fait sous-entendre la condition *si nuptiæ sequantur*, et restitution s'impose en cas de rupture (2) ; l'absence de protestation de l'ouvrier contre le règlement affiché dans l'atelier, qui supprime tout délai de prévenance, le prive de tout droit sur ce point (3) ;

(1) Paris, 11 juin 1910, S. 1911. 2. 139 ; Pau, 26 févr. 1901, S. 1901. 2. 76 ; Caen, 3 déc. 1900, S. 1906. 1. 75.

(2) Paris, 26 juin 1894, S. 94. 2. 264.

(3) Cass., 7 mai 1911, S. 1911. 1. 252 ; 28 mai 1910, S. 1910. 1. 340 ; 27 mai

l'acceptation par le passager de son billet contenant attribution de compétence à tel tribunal, l'oblige à plaider devant le juge indiqué, lui retirant même, au besoin, l'option entre le juge civil et le juge commercial appartenant au client qui plaide contre un commerçant (1).

Enfin si l'usage, incapable d'abroger la loi, est impuisant contre les prescriptions légales même purement réglementaires, constamment les arrêts argumentent de la volonté des parties pour y déroger. Ainsi la partie qui ne tient pas note de ses comptes avec une autre est présumée renoncer au droit commun de la preuve pour se fier aux écritures de l'autre (2); laisser le juge recueillir des informations sur un point en litige entraîne renonciation au principe que les tribunaux doivent déterminer leur conviction d'après les moyens légaux de preuve (3).

B. — Les résultats obtenus par la jurisprudence en s'appuyant sur l'autonomie de la volonté supportent aisément le parallèle avec ceux de l'analogie, ou plus généralement de l'interprétation des lois.

La force de la première est au moins égale à celle de la seconde.

Il n'est pas rare, en effet, de voir les juges invoquer, dans un but identique, tantôt l'analogie avec une disposition légale existante et tantôt la volonté des intéressés. Notamment, ils ont successivement appuyé la garantie dans la subrogation sur l'analogie de l'article 1693 et sur l'intention des contractants (4). Pour reconnaître qualité afin de représenter un client au successeur d'un agréé, dans une même affaire le juge d'appel attribua les effets d'une cession d'office ministériel à la transmission d'une clientèle libre, tandis que la Cour suprême invoqua la volonté implicite, chez le client, de maintenir au successeur les pouvoirs donnés au prédécesseur (5).

Pour interdire au destinataire la divulgation de lettres missives, des arrêts se fondent sur une défense implicite de leur

1908, S. 1908. 1. 241; 9 déc. 1907, S. 1908. 1. 503; 15 'juin 1906, S. 1906. 1. 278.

(1) Civ., 21 nov. 1911, S. 1912. 1. 739 et note M. Lyon-Caen; Req., 23 mars 1909 et Civ., 8 mars 1907, S. 1909. 1. 486.

(2) Req., 20 mars 1876, S. 77. 1. 338.

(3) Req., 13 déc. 1911, S. 1912. 1. sup. 19.

(4) Analogie : Cass., 4 févr. 1846, S. 46. 1. 97, D. P. 46. 1. 49; intention : Riom, 17 janv. 1889, D. P. 91. 1. 313.

(5) Douai, 21 nov. 1910, S. 1911. 2. 41; Req., 18 déc. 1911, S. 1912. 1. 187

auteur (1), alors que d'autres déclarent la propriété des lettres conservée par leur signataire (2).

D'autre part, une argumentation tirée de l'intention des plaideurs a, sur celle qui se baserait sur l'interprétation de la loi, l'avantage, pour le juge du fond, de mettre sa sentence à l'abri du recours en cassation.

Enfin, allons plus avant : l'autorité des actes juridiques est supérieure à celle de l'analogie à un autre point de vue, encore plus important. Si, en effet, nous avons vu les juges ne pas reculer quelquefois devant l'extension par analogie de textes même contraires au droit commun, quelle que soit la fréquence de cette hardiesse ils ne l'ont jamais érigée en principe, comme nous l'observions plus haut, et ne l'emploient guère qu'en désespoir de cause, faute de tout autre moyen d'aboutir au but désiré. Jamais, au contraire, ils n'hésitent à baser sur la volonté, même implicite, des intéressés les solutions les plus dérogatoires au droit commun.

C'est notamment la non-garantie des fautes du capitaine inscrit dans les connaissements ou billets de passage (3), l'attribution de compétence à la juridiction consulaire par un contractant qui n'a pas fait acte de commerce (4), etc.

L'énergie novatrice des actes juridiques est donc incontestablement au-dessus de l'interprétation par analogie même la plus étendue.

SECTION III

Des considérations rationnelles.

Pas plus que sur les précédents terrains, doctrine et jurisprudence ne s'accorderont sur celui-ci. Du reste les auteurs eux-mêmes présentent une gamme complète d'opinions nuancées, allant, avec Laurent, depuis l'affirmation que, faute d'apporter en justice un texte de loi fondant sa prétention, le demandeur doit perdre son procès, jusqu'à vouloir, avec M. Geny, restreindre au minimum le domaine de la loi pour amplifier celui de la libre recherche scientifique.

(1) Paris, 10-20 déc. 1850, D. P. 51. 2. 1, S. 50. 2. 526, note Devilleneuve.
(2) Besançon, 30 déc. 1862, D. P. 63. 2. 63; Nancy, 11 mars 1869, S. 69. 2. 113.
(3) Civ., 11 févr. 1908, S. 1909. 1. 486.
(4) Civ., 21 nov. 1911, Req., 23 mars 1909 et Civ., 8 mars 1907, précités.

Nos juges se tiennent à égale distance de ces extrêmes.

Ils répugnent à fonder leurs sentences exclusivement sur des considérations rationnelles. Non seulement les solutions judiciaires ainsi motivées sont rares ; mais, la plupart du temps, les arguments de ce genre n'apparaissent qu'après une longue suite d'arrêts s'appuyant sur d'autres bases (tradition, textes, intention des parties).

On ne s'étonnera pas si la jurisprudence use de pareils arguments surtout dans les contestations relatives aux droits de la personnalité, qui ne sont point réglementées dans leur ensemble par le législateur. Ces droits ne sont pourtant pas seuls à jouir de cette faveur exceptionnelle. Principalement au cours de ces dernières années, on voit les juges corriger, en matière patrimoniale, les rigueurs du droit civil au seul nom de l'équité ou de l'utilité sociale.

§ 1.

Domaine prétorien des considérations rationnelles.

A. — Généralement, disions-nous, la jurisprudence n'invoque pas de but en blanc des considérations toutes philosophiques. Deux sortes de cas se présentent alors, tantôt la jurisprudence adoptant, sitôt qu'une question se pose, une solution qu'elle commence par acclimater en l'étayant au début d'arguments d'un autre genre, tantôt les juges procédant par tâtonnements tandis qu'ils usent des procédés classiques, pour n'aboutir à la solution qui s'impose que du jour où ils se décident à jeter par-dessus bord la précédente technique au profit exclusif d'arguments de raison.

a) Parfois, dès le début, la jurisprudence entrevoit la solution définitive ; mais, n'osant l'appuyer que sur des considérations philosophiques, elle cherche une base dans ses autres procédés techniques.

L'un des droits le plus longuement demeurés dans cet état de gestation est certainement le droit au nom civil. Nos codes n'en soufflant mot, nos juges le firent immédiatement rentrer dans l'un des cadres juridiques les plus larges, la propriété (1). Des arrêts, à l'heure actuelle, usent encore de ce terme (2). Cependant

(1) Dès le début du xix⁰ siècle, on qualifie au Palais le droit au nom de propriété : Paris, 7 germ. an XII, J. G. v⁰ *Nom-prénom*, n⁰ 46.

(2) Paris, 16 mai 1900, S. 1902. 2. 16 ; et 27 déc. 1893, S. 95. 2. 146.

son emploi devient chaque jour moins fréquent, et les tribunaux reconnaissent aujourd'hui que le nom est un signe de la personnalité armé d'un droit spécial [1].

L'évolution du droit d'auteur fut aussi lente ; et, jusqu'à ces derniers temps, les arrêts parlaient à qui mieux mieux, de *propriété littéraire ou artistique*, la rapprochant très étroitement de celle des biens corporels. Mais, quand on eut lentement dégagé les attributs d'ordre moral accompagnant les prérogatives pécuniaires de l'auteur, force fut de reconnaître à son droit physionomie spéciale. Sur ce point, très suggestive est la rédaction de l'arrêt de la Cour suprême dans l'affaire Lecocq, évitant avec soin l'emploi de ce terme enfin considéré comme inexact [2].

La faculté pour le signataire d'une lettre d'en empêcher la divulgation par son destinataire n'a guère jamais été niée par les tribunaux. Encore, lui fallait-il trouver base juridique. On en fit également une propriété. Mais alors comment la concilier avec le droit du destinataire? La première explication proposée, pour les mettre d'accord, paraît avoir été d'admettre que l'auteur est pleinement propriétaire de sa lettre, mais en confie au destinataire le dépôt [3]. Puis on fit de la lettre un objet de copropriété pour l'un et l'autre [4]. Puis, écartant dépôt et copropriété, on déclara qu'elle appartenait au destinataire en pleine propriété, sauf restriction à sa divulgation imposée par l'expéditeur, qu'on assimilait à un donateur avec .charges [5]. La Cour de cassation n'accepta pas absolument cette thèse ; mais les mœurs admettant désormais la pleine disposition de la lettre par son destinataire, sauf respect des confidences de l'expéditeur, elle proclama le droit de propriété du premier sur la lettre, et fit du droit au secret un droit d'une nature spéciale pour le second [6].

---

(1) Aux arrêts cités par nous : *Le droit au nom en matière civile*, p. 30, note 1, *adde*, Req., 20 oct. 1908, S. 1908. 1. sup. 89.

(2) Civ., 25 juin 1902, S. 1902. 1. 305, note M. Lyon-Caen, D. P. 1903. 1. 5, note M. A. Colin. Sur cette innovation outre les observations de M. Colin, voy. celles de M. Léon Bérard, *Du caractère personnel de certains droits dans les régimes de communauté*, p. 46 et s.

(3) Limoges, 17 juin 1824, S. chr. ; Paris, 10-20 déc. 1850, D. P. 51. 2. 1, S. 50. 2. 626 et 11 juin 1875, S. 75. 2. 200 : Trib. Rennes, 8 mars 1880, S. 81. 1. 193.

(4) Besançon, 30 déc. 1862, D. P. 63. 2. 63; Nancy, 11 mars 1869, S. 69. 2. 113.

(5) Toulouse, 4 juill. 1880, S. 81. 2. 115.

(6) Req., 9 févr. 1881, S. 81. 1. 193, note Labbé ; Cf. Geny, *op. cit.*, t. I, n° 87, p. 224.

En matière patrimoniale, il est des exemples d'évolutions semblables.

Le Code civil était muet sur le sort des actes de l'héritier apparent. Dès le lendemain de sa promulgation, la Cour de cassation les déclara valables en s'appuyant sur l'ancienne jurisprudence, qui les admettait comme tels (1). Les cours d'appel se divisèrent, les uns déniant toute force à ces actes par des arguments de textes puisés dans le Code civil (2), d'autres admettant au contraire leur validité, lorsque l'héritier et son cocontractant étaient tous deux de bonne foi, pour soustraire le premier au recours en garantie appartenant au second, invoquant à l'appui l'intérêt général et l'équité (3).

La validité de ces actes s'implantant dans les mœurs, la Cour suprême, saisie à nouveau de la question, n'invoqua plus que la sécurité des transactions, validant les actes de l'héritier apparent même de mauvaise foi, pourvu que son cocontractant fût de bonne foi (4).

b. — Parfois la jurisprudence n'aperçoit pas tout d'abord la solution qu'imposeront plus tard la justice et l'intérêt social, et tâtonne à travers les catégories juridiques existantes jusqu'au moment où elle s'en débarrasse, pour s'arrêter à des solutions neuves étayées seulement de motifs rationnels.

Pas un mot dans nos codes sur les cessions de clientèles. Comme les premières émanaient de commerçants, c'est-à-dire étaient accompagnées de cession d'immeuble ou de bail, d'enseigne et de marchandises, éléments fort concrets, les juges n'hésitèrent point à les assimiler à des ventes. Lorsque, près d'un demi-siècle plus tard, apparurent les cessions de clientèles civiles, de clientèles médicales principalement, on avait eu le temps d'apercevoir la distance entre des ventes d'objets corporels et des contrats de ce genre, distance rendue plus apparente par l'absence de tout élément concret dans les cessions de clientèles civiles. On n'osa donc pas y voir des ventes; et sans revenir sur la jurisprudence relative aux fonds de commerce, les juges firent des cessions de clientèles civiles des contrats *sui generis,*

---

(1) Req., 8 août 1815, S. 15. 1. 286.

(2) Orléans, 27 mai 1836, S. 36. 2. 289.

(3) Toulouse, 21 déc. 1839, S. 40. 1. 168.

(4) Civ., 26 août 1833 (motifs), S. 33. 1. 737; et 16 janv. 1843 (trois arrêts), S. 43. 1. 97, D. P. 43. 1. 49.

engendrant seulement des obligations de faire et de ne pas faire (1).

Quand furent conclus par les syndicats ouvriers les premiers contrats collectifs de travail, on les envisagea comme des conventions passées au nom des syndiqués par le syndicat, leur mandataire ou gérant d'affaires (2). A ce jeu, pour assurer l'observation du contrat, le syndicat n'aurait pas eu d'action en justice, contrairement aux tendances contemporaines à la protection des intérêts individuels par l'association (3).

C'est pourquoi, plus près de nous, des arrêts font du contrat collectif de travail un contrat innomé, où le syndicat joue personnellement un rôle, qui lui donne droit d'agir en justice (4).

Au lendemain de la loi du 28 avr. 1816, on crut ou feignit de croire la vénalité des offices rétablie (art. 91). On fit d'eux des biens patrimoniaux; et de ce principe on déduisit notamment qu'en l'absence de clause contraire, dans le contrat de mariage d'un officier ministériel, la valeur de sa charge tomberait en communauté (5); qu'en cédant sa charge un officier ministériel avait comme garantie le privilège du vendeur (6); que les créanciers de la succession d'un officier ministériel décédé avaient, même au cas d'acceptation bénéficiaire, pour gage la valeur de l'office (7).

Avec le temps s'atténua cette idée vieux-jeu, qui, avec l'accroissement, parfois énorme, de la valeur des offices, risquait de conduire à des conséquences fâcheuses. Sans abandonner les solutions acquises en jurisprudence, par exemple sur les points signalés plus haut, les tribunaux renonçant, en toute autre occurrence, au caractère patrimonial des offices, décidèrent spécialement que, sauf entre époux, ils ne pourraient être mis en société (8), et même que, sous le régime de communauté,

(1) Trib. Seine, 17 mars 1846, D. P. 46. 3. 62 et 29 déc. 1847, S. 49. 2. 105 (en note). V. les arrêts cités dans nos *Éléments de jurisprudence médicale*, p. 131, note 1.

(2) Civ., 1er févr. 1893, S. 96. 1. 329.

(3) Demogue, *op. cit.*, p. 189 et 509; Charmont, *Le droit et l'esprit démocratique, La socialisation du droit*, p. 62 et s.

(4) Lyon, 10 mars 1908, S. 1910. 2. 49.

(5) Amiens, 17 déc. 1824, S. 30. 2. 347.

(6) Req., 16 févr. 1831, S. 31. 1. 74.

(7) Cass., 22 mai 1823, *J. notaires*, t. XXIX, p. 215, art. 5332.

(8) Civ., 24 août 1841, D. P. 41. 1. 345; 31 déc. 1844, D. P. 45. 1. 75; Req., 15 déc. 1851, D. P. 52. 1. 71. Cette jurisprudence fut implicitement

lorsque l'office est resté propre au mari, son accroissement de valeur pendant la durée de la communauté n'est pas un acquêt, mais suit l'office lui-même (1).

Un dernier exemple tiré de la procédure : si nous expliquons assez facilement à présent le droit pour le juge de prononcer des astreintes pécuniaires par son pouvoir général d'injonctions (art. 1036, C. proc. civ.), la rédaction longtemps fort embarrassée des arrêts sur ce point ne trahirait-elle pas plutôt un emprunt originaire à la théorie des dommages et intérêts, dont on ne se serait dégagé qu'avec le temps, pour aboutir finalement à une création prétorienne plus fondée sur des arguments de raison que sur des textes de lois (2) ?

B. — On aurait tort cependant de croire que jamais la jurisprudence n'eut le courage d'étayer de considérations rationnelles les solutions qui lui semblaient s'imposer absolument, sans les faire entrer d'abord dans les idées au moyen d'autres arguments. Mais il nous faut arriver à une époque très proche de la nôtre pour en trouver des exemples, et surtout pour voir adopter de pareilles solutions par la Cour suprême.

Le respect de la personnalité a été la source de décisions de ce genre. L'une des premières prérogatives de la personne ainsi reconnues comme droit spécial, est le droit à la physionomie (3). Un peu rigide à l'origine, il s'est assoupli peu à peu, surtout en faisant intervenir l'idée d'autorisation tacite accordée à autrui, sauf révocation et sauf preuve du contraire, de reproduire les traits de chacun de nous (4).

Le respect du talent de l'artiste a pénétré dans les prétoires. Afin de lui réserver intégralement la faculté d'apprécier, avec indépendance et dignité, si son œuvre mérite d'être connue du

---

confirmée, quand la loi du 2 juillet 1862 lui apporta une exception pour les agents de change.

(1) Req., 14 avr. 1893, S. 93. 1. 416, D. P. 93. 1. 350. Cf. Léon Bérard, *op. cit.*, p. 91 et s.

(2) V. A. Esmein, *L'origine et la logique de la jurisprudence en matière d'astreintes, Rev. trim. droit civil*, p. 5 et s., spécialement p. 7 et s., et les décisions rapportées en note.

(3) Trib. Seine, 11 avr. 1855, *Ann. prop. ind.*, 1860, p. 167 ; *id.*, 16 juin 1858, D. P. 58. 3. 62 ; Paris, 9 août 1888, S. 90. 2. 241 ; Bruxelles, 26 déc. 1888, S. 91. 4. 35 ; Paris, 2 déc. 1897, S. 1900. 2. 201, D. P. 98. 2. 465 ; Civ., 14 mars 1900, S. 1900. 1. 489.

(4) Révocation : Paris, 27 mai 1867, S. 68. 2. 41 ; autorisation tacite : Rennes, 23 nov. 1903, S. 1904. 2. 111, et surtout Trib. paix Narbonne, 4 mars 1905, D. P. 1905. 2. 389.

public, la jurisprudence voit, comme nous aurons plus loin l'occasion de le redire, dans le contrat par lequel il s'engage à l'exécution d'une œuvre d'art, un contrat innomé l'obligeant seulement à dommages et intérêts faute de livraison [1].

Des considérations de haute équité inspirèrent d'autres sentences analogues en matière patrimoniale, et introduisirent une jurisprudence novatrice.

On sait les efforts honorables de la doctrine pour faire admettre en justice, dans l'acception large que nous lui donnons actuellement, l'action *de in rem verso*. Les tribunaux et Cours d'appel se laissèrent persuader les premiers [2]; la Cour suprême attendit la fin du xix⁰ siècle pour entrer dans la brèche ainsi ouverte [3].

Tout près de nous se dessine également et prend corps avec lenteur une des plus belles et des plus équitables théories juridiques de notre temps, celle de l'abus du droit. Son premier cas d'admission paraît bien avoir été l'exercice d'action téméraire, l'abus de citation. Sur ce point, jusqu'à ces tout derniers temps, subsista une divergence, au moins dans la terminologie, entre la chambre des requêtes et la chambre civile de la Cour suprême, la chambre civile exigeant que le plaideur agisse méchamment ou commette une faute lourde équipolente au dol [4]; celle des requêtes se contentant d'une faute quelconque [5], tout en relevant en fait des fautes grossières [6]. Depuis peu, les arrêts des requêtes reprennent à leur compte la formule de ceux de la chambre civile [7].

Il est des hypothèses où des considérations moins hautes et plus exclusivement pratiques ont entraîné la Cour de cassation,

(1) Paris, 4 juill. 1865, S. 65. 2. 233, D. P. 65. 2. 201; 2 déc. 1897, précité, et Civ., 14 mars 1900, précité.

(2) V. notamment Chambéry, 13 août 1891, S. 95. 1. 186 (en sous-note). V. sur l'admission de cette action par le Conseil d'État, note M. Hauriou, S. 95. 1. 185, col. 5. La Cour de cassation repoussa d'abord cette action : Req., 11 juill. 1889, S. 90. 1. 97, note Labbé.

(3) Req., 15 juin 1892, S. 93. 1. 281, note Labbé, Jurispr. constante : Civ., 24 oct. 1910, S. 1912. 1. 209.

(4) Civ., 15 mars 1910, S. 1910. 1. 259; 2 févr. 1910, S. 1910. 1. 239; 6 janv. 1909, S. 1909. 1. 144.

(5) Req., 23 nov. 1908 (3ᵉ espèce), S. 1910. 1. 12; 15 avr. 1908, S. 1909. 1. 206.

(6) Cf. Chavegrin, S. 92. 1. 449.

(7) Req., 10 juill. 1911, S. 1911. 1. 471; 9 mai 1911, S. 1911. 1. 496; 10 févr. 1909, S. 1911. 1. 462.

toujours à la suite des Cours d'appel. Pour valider l'assurance-vie au profit d'un tiers, on invoque depuis longtemps l'article 1121 du Code civil ; mais était-il suffisant pour donner toute satisfaction aux besoins de la pratique ? En considérant, conformément à la lettre de ce texte, l'offre faite à ce tiers comme la condition d'une stipulation faite par l'assuré pour lui-même, on admettait que le bénéfice de l'assurance entrait, ne fût-ce qu'un instant de raison, dans son patrimoine. Il en était surtout ainsi lorsque le stipulant avait changé le nom du bénéficiaire, ou lorsqu'il ne l'avait pas désigné dès la signature du contrat. Mais ce n'est pas ici le lieu de présenter, même en raccourci, la théorie de l'assurance sur la vie au profit d'un tiers.

Il nous suffira d'observer qu'en vue d'encourager l'épargne, en permettant à l'assuré de constituer une sorte de *homestead*, la Cour de cassation admit qu'un droit direct prenait naissance au profit du tiers bénéficiaire dès le jour de l'offre (1).

§ 2

Autorité réformatrice des arguments rationnels.

Si persuasives que soient les considérations de raison, presque toujours elles se brisent, à la barre, devant un argument de texte. D'ordinaire, un juge croirait trahir sa mission en appuyant son arrêt sur des motifs de raison, non pas seulement quand ils contredisent un texte exprès — c'est alors son devoir — mais pour peu qu'ils soient en opposition avec une formule quelconque, même très large.

Il y a quelque dix ans, la Cour de cassation manifesta nettement cet état d'esprit, quand, malgré les instances éloquentes de hautes autorités dans la doctrine, elle refusa d'exclure de la communauté conjugale le droit de propriété artistique du mari sur les œuvres produites pendant la communauté (2), ou quand, malgré les protestations pressantes du notariat parisien, elle condamna, comme pacte sur succession future, la clause d'une donation, dans un contrat de mariage, par un ascendant, stipulant que son droit de retour ne ferait pas obstacle à l'exercice

---

(1) Civ., 15 déc. 1873 (motifs), S. 74. 1. 199 ; 2 juill. 1884, S. 85. 1. 1, note Labbé ; 16 janv. 1888, S. 88. 1. 121, note Labbé ; 29 juin 1896, S. 96. 1. 361, D. P. 97. 1. 73.

(2) Cass., 25 juin 1902, précité, et 16 août 1880, S. 81. 1. 25.

de l'usufruit légal du conjoint du donataire, s'il lui survivait [1].

Cependant lorsque à l'encontre d'arguments de raison, l'on ne produit que des inductions ou des analogies tirées des textes, les chances deviennent favorables aux premiers. Les juges pesant le poids respectif des uns et des autres, ou mieux, cherchant au point de vue social auxquels il importe d'accorder la préférence, il n'est pas sans exemple de voir triompher la philosophie sur les textes. En voici deux notables exemples, d'ordre et d'époque très différents.

Au lendemain de la promulgation du Code civil, on y chercha, comme nous l'avons dit plus haut, des arguments pour combattre la validité des actes de l'héritier apparent. Ils n'y manquaient guère. C'étaient surtout les articles 1599, sur la vente de la chose d'autrui, et 2125, sur l'hypothèque établie par un propriétaire à droit résoluble. Il était facile d'en induire qu'en exigeant chez une personne pour disposer d'un bien la qualité de propriétaire, la loi n'admettait pas d'exception. Les nécessités du crédit et la stabilité des relations d'affaires contraignirent la Cour suprême à s'en tenir à la solution inverse, même lorsque, cessant d'invoquer la tradition de l'ancien droit, elle déclara tout haut les motifs d'ordre pratique inspirant ses arrêts [2].

A l'autre bout du siècle, comme certain amateur américain poursuivait un peintre en livraison d'un portrait, celui-ci, pour des raisons personnelles, refusa obstinément de le lui livrer. Textes écrits se retrouvèrent aux prises avec arguments de raison. Une jurisprudence imposante, dont l'origine remonte jusqu'au droit romain du IIe siècle [3], admet que le constructeur d'un navire a passé un véritable contrat de vente avec l'auteur de la commande [4]. L'avocat général Desjardins pressait la Cour de cassation de s'y rallier [5]. D'autant plus que certaines décisions antérieures admettaient cette solution lorsque l'objet promis était une œuvre d'art [6]. Mais la Cour de Paris, en qui se reflète le sentiment hautement artistique de la société raffinée de la capitale, résistait énergiquement à ce courant, et considé-

---

(1) Cass., Ch. réun., 2 juill. 1903, S. 1904. 1. 65.
(2) Cass., 16 janv. 1843 (trois arrêts), précités.
(3) Gaius, t. III, § 147.
(4) Req., 10 juill. 1888, S. 88. 1. 430.
(5) Cité en note, S. 1900. 1. 489, col. 2.
(6) C. Hanoï, 9 déc. 1896, *Gaz. Trib.*, 99, 1ᵉʳ sem., 2. 309, Trib. Seine, 15 mai 1873, *Ann. propr. ind.*, 73. 268.

rait le peintre qui s'est engagé à la confection d'un tableau, fût-ce d'un portrait, comme astreint à une obligation de faire, sans qualifier de façon plus précise le contrat l'unissant au client [1]. La Cour suprême, se débarrassant des arguments de textes, y vit un contrat *sui generis* ne transférant point par lui-même au client la propriété du tablean, contrairement aux règles de la vente [2].

CONCLUSION

Le système de la jurisprudence pour assurer l'évolution du droit présente une physionomie originale, au milieu des grandes écoles dogmatiques d'interprétation de notre époque.

En admettant les considérations de raison comme moyen d'élaboration et d'amendement du droit, elle n'en use qu'à défaut de tout autre procédé propre à donner satisfaction à d'impérieuses nécessités. Autrement large est la part que naguère un savant auteur, non sans alléguer de pressants motifs, proposait de faire à la « libre recherche scientifique » basée sur « la nature des choses positives ».

La jurisprudence leur préfère l'autonomie de la volonté et l'interprétation des textes.

L'emploi d'actes juridiques volontaires, exprimés ou sous-entendus, pour solutionner un rapport de droit remonte aux plus lointaines origines [3]. A Rome, le préteur en joua constamment. Voulait-il créer une obligation inconnue du droit civil, il imposait aux intéressés de prendre cet engagement par une stipulation qu'avec le temps l'on sous-entendit. Pour vieux-jeu que soit le moyen, il n'en reste pas moins fécond, et, manié avec adresse, il se prête aisément aux transformations sociales. Les constructions juridiques, édifiées grâce à lui, se caractérisent fréquemment par leur allure très progressive.

Comme on l'a souvent observé, sur tout terrain la pratique devance la théorie. Les inventions extra-judiciaires devancent la législation. C'est en s'appuyant sur des actes juridiques

---

(1) Paris, 4 juill. 1865, S. 65. 2. 233, D. P. 65. 2. 201 ; 19 avr. 1875, *Ann. propr. ind.*, 75. 335; 2 déc. 1897, S. 1900. 2. 201, note M. Wahl.

(2) Civ., 14 mars 1900, S. 1900. 1. 489.

(3) J. Declareuil, *La justice dans les coutumes primitives*, p. 106 et s., 116 et s.

exprimés ou sous-entendus que la jurisprudence a réalisé ses innovations les plus hardies.

Pour précieux que soit le moyen précédant de trouver des solutions neuves, il ne saurait suffire. Il est des institutions demeurant au-dessus de la volonté des parties. S'agit-il d'incapacités, de prescriptions, de formes protectrices — même élémentaires, comme scellés, inventaires, curateurs — il faut, coûte que coûte, revenir à la loi écrite. Ce n'est pas d'ailleurs uniquement en désespoir de cause que le juge s'adresse à elle.

Peut-être plus riche encore en résultats que le procédé précédent est l'interprétation des textes ; car le juge se confie volontiers à la loi écrite, l'estimant son conseiller le plus sûr, même lorsqu'elle est plus que centenaire, comme notre Code civil.

Mais ce serait grosse erreur de le croire confiné dans une mesquine exégèse ne la conduisant qu'à des conclusions rétrogrades. Abandonnant la conception révolutionnaire du législateur omniscient et omnipotent, nos juges n'ont vu dans la loi écrite qu'un guide raisonnable, mais humain, c'est-à-dire imparfait.

De bonne heure ils admirent l'interprétation évolutive des lois écrites et l'usage extensif des institutions existantes. Au lieu de prétendre découvrir dans les textes, à grands renforts d'arguments grammaticaux et de citations empruntées aux travaux préparatoires, des règles impératives autant qu'immuables, ils y ont cherché seulement, pour étayer les solutions dictées par la justice et l'utilité sociale, comme on cherche en toute profession les moyens techniques nécessaires pour atteindre un but déterminé, des arguments juridiques, dont le choix doit exclusivement s'inspirer du but poursuivi, et dont l'expression ne possède pas nécessairement une immutabilité complète.

Plus brièvement, comme nous le disait, il y a déjà bien longtemps, un éminent magistrat, que la Cour de Toulouse s'honore aujourd'hui de posséder, le juge ne cherche dans les textes que la formule juridique de ses décisions.

En mettant à part les actes juridiques, élément de fait dont la doctrine évidemment n'a cure, dans leurs grandes lignes les procédés jurisprudentiels d'élaboration du droit se rapprochent donc à la fois, par certains côtés, des principales méthodes doctrinales contemporaines d'interprétation. Ne serait-ce pas une base tout indiquée de transaction entre ces sœurs ennemies ?

E.-H. PERREAU.

BIBLIOTHEQUE NATIONALE DE FRANCE
3 7502 018547119

9 782014 057300